ABENTEUER BUDEN BAUEN

KREATIVE SPIELWELTEN AUS PAPPE UND MEHR

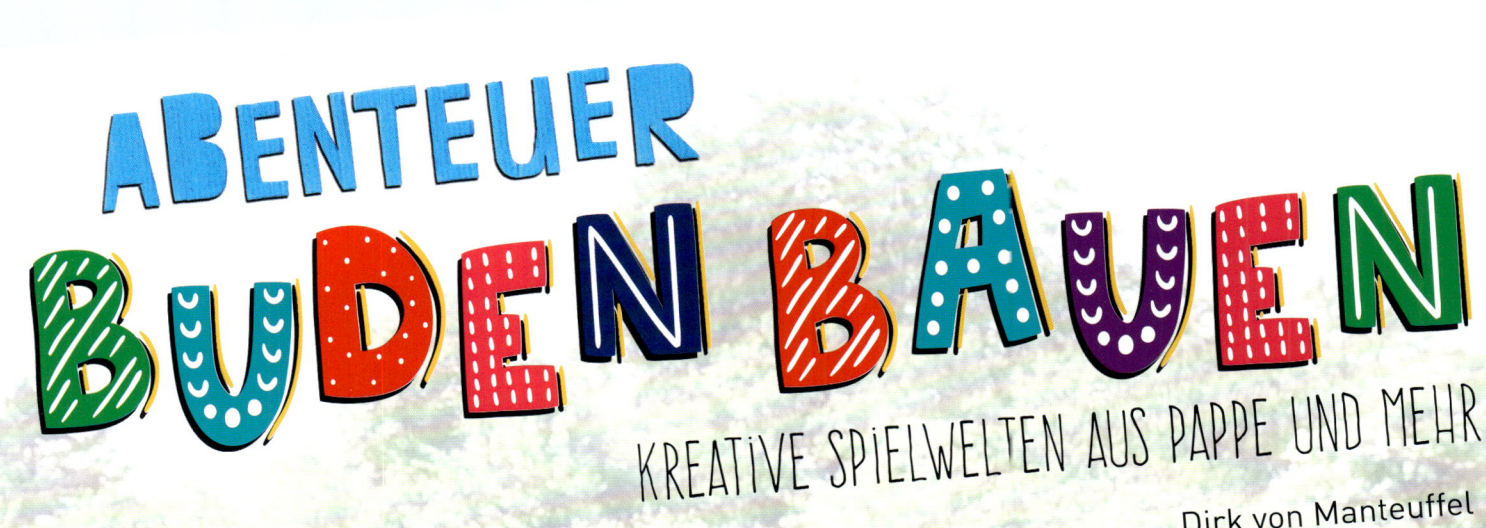

ABENTEUER BUDEN BAUEN

KREATIVE SPIELWELTEN AUS PAPPE UND MEHR

Dirk von Manteuffel

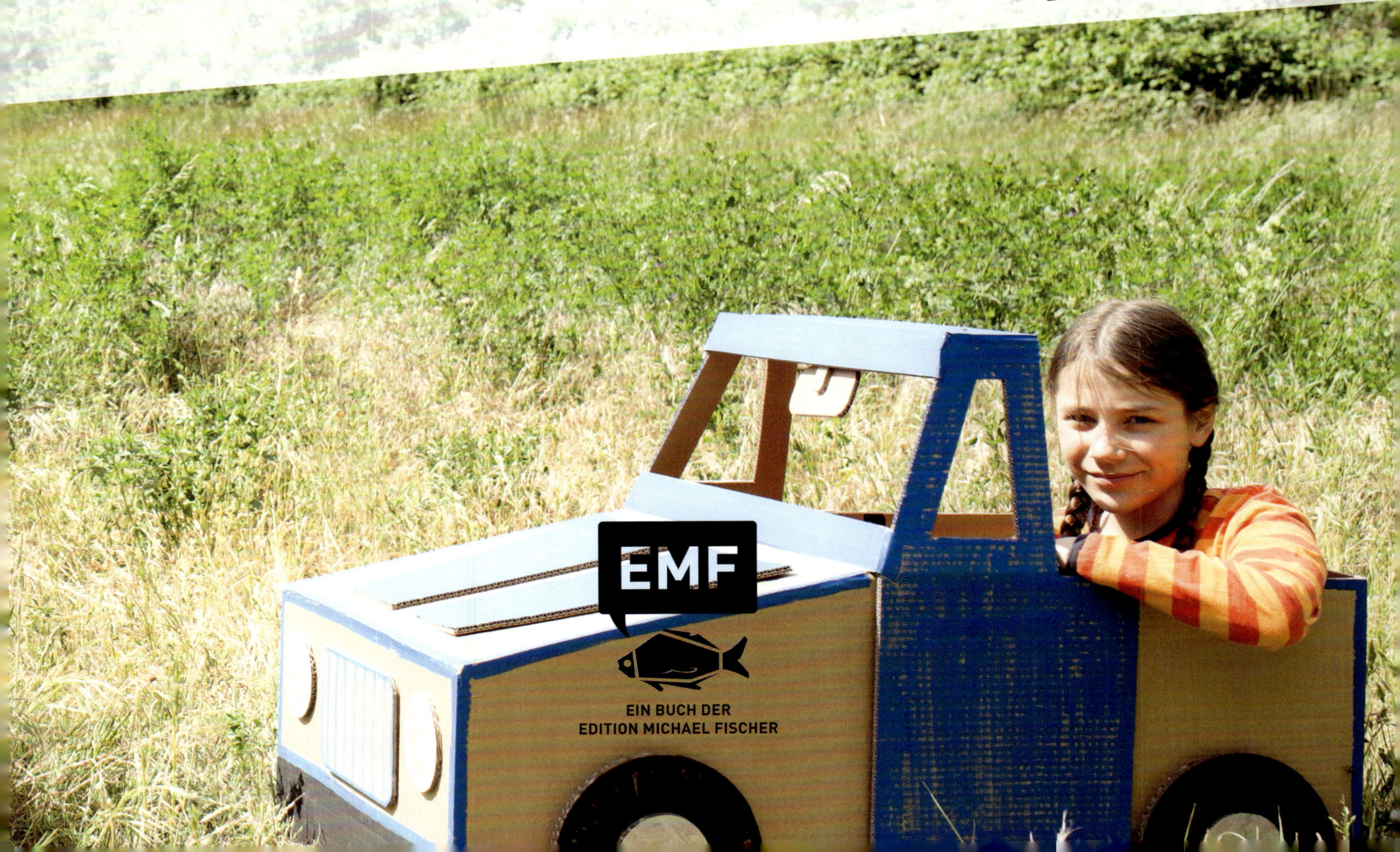

EMF
EIN BUCH DER
EDITION MICHAEL FISCHER

INHALT

DIRKS BRÜDER JAN UND BENJAMIN
IN IHRER SELBST GEBAUTEN PAPPBUDE (1985)

BUDE? WAS IST DENN EINE BUDE?

Diese Frage habe ich andauernd gehört, wenn ich mit Leuten über die Idee zu diesem Buch gesprochen habe. Und sie ist gar nicht so leicht zu beantworten, wie ich feststellen musste, denn für dieses „Phänomen" gibt es nicht einmal einen allgemeingültigen Namen.

In meiner Kindheit haben wir mit allem, was wir finden konnten, große Bauwerke errichtet, in denen man sich verstecken konnte, um zu spielen, ausgedachte Abenteuer zu erleben oder heimlich die Ostersüßigkeiten aufzufuttern – alle Ostersüßigkeiten, wohlgemerkt. Unsere Bauwerke bestanden aus Tüchern, Stöcken, Seilen und Möbeln. Wenn wir Riesenglück hatten, gab es auch mal einen großen Kühlschrankkarton, da wurden dann eine Tür und ein Fenster hineingeschnitten und fertig war die Bude, ganz einfach.

Ich vermute, dass Eltern Buden generell nicht so besonders mögen. Was für Kinder ein eigenes Reich ist, in dem sie selber Bestimmer sind, ein Rückzugsort, meist unheimlich eng und gemütlich, ist für Eltern doch eher ein Chaos, welches schnell aufgeräumt gehört.

Interessant finde ich, dass fast jeder Erwachsene in seiner Kindheit so etwas wie eine Bude gebaut hat (vielleicht hat er sie nur anders genannt), es aber kein einziges Buch zu dem Thema gibt ... ach doch, jetzt gibt es ein Buch: dieses hier!

Um die Sache schließlich rund zu machen, habe ich mir einen echten Profi im Basteln und Abenteuer-Spielen ins Boot geholt: meine Tochter Anaïs. Sie hat mit mir an allen Ideen und deren Umsetzung gearbeitet, mich ständig beraten, konstruktiv kritisiert und sich viele, viele Details in diesem Buch ausgedacht.

Viel Spaß beim Nachbauen und Selbstausdenken wünschen

ZU DIESEM BUCH

Eigentlich verfolgt dieses Buch nur ein einziges Ziel: Kindern ein Handwerkszeug zu sein, um ihre eigenen Spielwelten planen, aufbauen und gestalten zu können. Dabei sind alle Anleitungen lediglich als Anregung zu verstehen. Natürlich können sie genau so nachgebaut werden, sie können aber auch einfach bloß als Inspiration dienen.

Wichtigstes Baumaterial für alle Bastelprojekte in diesem Buch ist Pappe. Der Grund dafür ist, dass man sie fast immer und überall kostenlos bekommt. Zudem lässt sich Pappe auf verschiedenste Arten bearbeiten und bietet darum unglaublich viele Möglichkeiten. So verwandelt sich ein großer toller Pappkarton mal in einen fahrenden Gemüseladen, mal in einen Rennwagen oder ein Piratenschiff.

Bei einigen Anleitungen wurde ganz bewusst auf exakte Maßangaben verzichtet, denn nicht immer sind Pappe oder Kartons in den vorgegebenen Formaten zu haben. Das ist aber gar nicht schlimm. Es geht vor allem darum, Ideen intuitiv, spielerisch und schnell in die Tat umzusetzen. Darum ist Wellpappe ja auch so ein dankbares Material: Sie verzeiht den Verzicht auf Präzision.

Zu guter Letzt sollte auch nicht unerwähnt bleiben, dass sich von den Kindern, die bei der Entstehung der vielen Projekte mitgewirkt haben, kein einziges verletzt hat – sei es bei der Arbeit mit Messern, Schraubenziehern oder Sicherheitscutter. Der Einzige, der sich in den Finger geschnitten hat, war der Autor selbst, und auch nur, weil er es mit den Sicherheitshinweisen auf Seite 13 mal kurz nicht so genau genommen hat.

GRUNDLAGEN

Wenn du deine eigenen Ideen umsetzen willst, solltest du dich mit den verschiedenen Materialien und Werkzeugen auskennen. Auf den folgenden Seiten bekommst du einen Überblick.

BAUMATERIAL

Wellpappe

Wellpappe besteht immer aus mindestens zwei Schichten: einer glatten und einer gewellten Papierbahn, die zusammengeklebt wurden. Es gibt aber auch Wellpappe, die oben und unten eine glatte Papierschicht hat und in der Mitte eine oder zwei gewellte Bahnen.

Für unsere großen Projekte haben wir hauptsächlich Doppelwellpappe mit einer Stärke von 6 mm verwendet. Umzugskartons und Verpackungen für große Elektrogeräte oder Fahrräder haben zum Beispiel diese Stärke.

Für mittlere und kleine Projekte eignen sich alle anderen Kartons aus dünnerer Wellpappe.

Obst- und Gemüsekisten

Aus Obst- und Gemüsekisten lässt sich sehr gut die Basis für Objekte bauen, die man dann verkleiden kann. Auch sie sind stabil und außerdem gut stapelbar, denn sie sind genormt. Zwei kleine Kisten haben also die Grundfläche einer großen. Damit kann man eine Menge machen. Ein gutes Beispiel dafür ist das Segelboot auf Seite 74.

Falls du keine Kartons auf Vorrat hast, kannst du in Geschäften danach fragen.

☀ TIPP

Kartons sind meist bedruckt. Wenn der Aufdruck auf deinen Bauwerken nicht sichtbar sein soll, kannst du die Kartons einfach auseinanderschneiden und die unbedruckte Innenseite als Außenseite verwenden.

SCHNEIDEWERKZEUGE

Messer mit Wellenschliff

Messer mit Wellenschliff, zum Beispiel Brötchenmesser, sind ein super Schneidewerkzeug. Mit ihnen kann man sich leicht durch die Pappe sägen und hervorragend eckige und runde Formen aus Flächen heraustrennen. Das Verletzungsrisiko ist auch nicht so groß wie bei Messern mit glatter, scharfer Klinge.

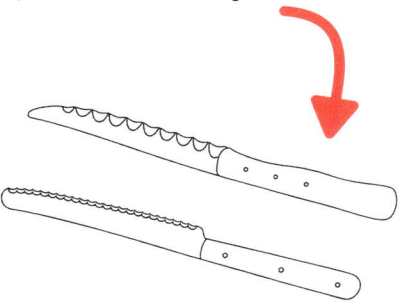

Sicherheitscutter

Mit dem Sicherheitscutter kannst du auch durch dicke Pappen schneiden. Der Unterschied zum normalen (Erwachsenen-)Cutter ist, dass die Klinge automatisch eingezogen wird. Man kann sich also nicht so schnell daran verletzen.

Schere

Dünnere Pappen kannst du mit einer stabilen Schere zurechtschneiden.

Achtung!

- Wenn du mit scharfen oder spitzen Werkzeugen arbeitest, ist immer Konzentration gefragt. So verletzt du weder dich noch andere.

- Finger weg! Wenn du schneidest, dürfen keine Finger im Weg sein!

- Schneide niemals freihändig! Pappen müssen immer auf einer stabilen, schnittfesten Unterlage liegen, wenn du sie mit Messer oder Sicherheitscutter bearbeitest.

- Versuche auf keinen Fall, sehr dicke Pappe mit einem einzigen Schnitt zu zerschneiden. Das ist nicht nur mühsam, sondern auch gefährlich. Am besten klappt es, wenn du jede Pappschicht einzeln durchtrennst.

- Lass keine offenen Schneidewerkzeuge herumliegen. So vermeidest du, dass du oder ein anderer sich versehentlich daran verletzt.

- Sorge für ein gewisses Maß an Ordnung am Arbeitsplatz, indem du alle Werkzeuge sofort nach Benutzung zum Beispiel in eine Kiste legst. Das hat zusätzlich den unschlagbaren Vorteil, dass du nichts suchen musst. Es ist unglaublich, wie viele Sachen unter einem Haufen Pappreste verschwinden können.

ZEICHEN- UND MESSWERKZEUGE

Bleistift

Vor allem bei aufwendigen Bauprojekten kommst du um das Vorzeichnen nicht herum. Zum Vorzeichnen eignet sich am besten ein nicht allzu spitzer Bleistift. Damit bohrst du nicht versehentlich Löcher in die Pappe. Außerdem lassen sich Bleistiftstriche bequem mit allen Farben übermalen oder einfach wieder wegradieren. Ein Permanent-Marker würde durch alle aufgetragenen Farben durchschlagen und wäre immer sichtbar.

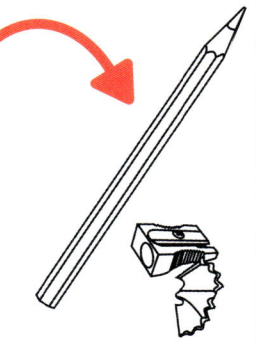

TIPP

Übrigens: Je größer das Objekt wird, desto weniger fällt es auf, ob eine Kante schnurgerade oder aneinandergeklebte Seiten genau gleich lang sind. Du musst also bei großen Objekten nicht immer auf den Zentimeter genau arbeiten.

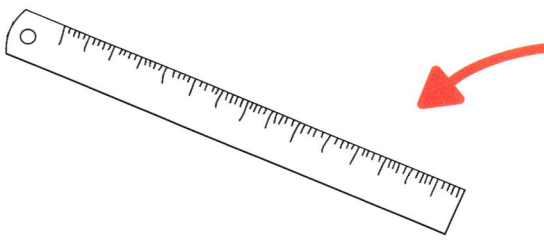

Lineal

Um saubere Linien zu zeichnen, ist ein langes Stahllineal natürlich ideal. Daran kann man auch entlangschneiden. Oft finden sich im Keller aber auch Metall- und Holzleisten oder Bretter, die sich zu einem Lineal umfunktionieren lassen.

Winkel

Wenn du keinen Schreinerwinkel zur Verfügung hast, finden sich bei dir zu Hause bestimmt auch andere Hilfsmittel, um einen rechten Winkel anzuzeichnen, zum Beispiel Regalbretter oder Kisten. Frag doch mal deine Eltern, was du verwenden kannst. Für kleinere Bauprojekte genügt natürlich auch ein Geodreieck.

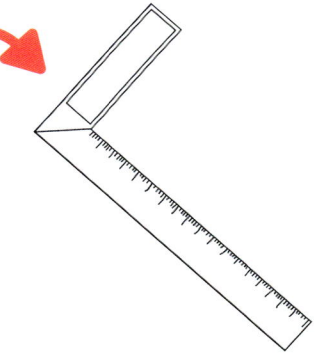

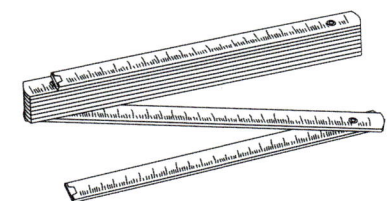

Zollstock

Zum Abmessen der Längen eignet sich ein Zollstock am besten.

Zirkel

Für große Kreise brauchst du einen großen Zirkel. Hast du nicht? Kein Problem, der ist schnell gebaut! Alles, was du dafür brauchst, sind ein Streifen Pappe, zwei Bleistifte und zwei Haushaltsgummis.

So baust du den Zirkel:

1 Übertrage die untenstehende Vorlage in den angegebenen Maßen auf den Streifen Pappe und schneide ihn aus.

2 Falze den Pappstreifen entlang der beiden gestrichelten Linien. Wie man richtig falzt, erfährst du auf Seite 16/17.

3 Bohre an den Kreuzen Löcher in 2-cm-Abständen in den Pappstreifen.

4 Stecke einen Bleistift in Loch „0" und den anderen in das Loch, das den gewünschten Abstand hat.

5 Klappe die Seiten des Pappstreifens zusammen und schlinge die Gummibänder um die Bleistifte, um sie zu befestigen.

6 Der Bleistift im Loch „0" funktioniert nun wie eine Zirkelspitze: Bohre ihn leicht in die Pappe hinein, auf die du einen Kreis zeichnen willst.

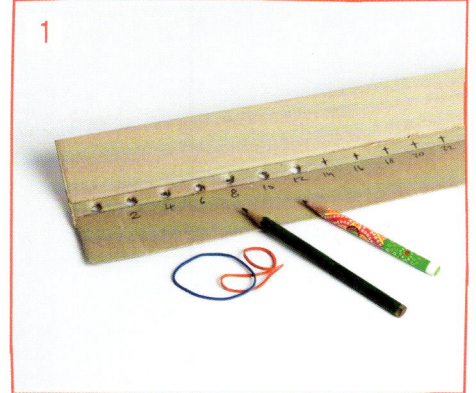

TIPP

Anstatt des Bleistifts in Loch „0" kannst du natürlich auch einen Nagel oder einen anderen spitzen Gegenstand verwenden.

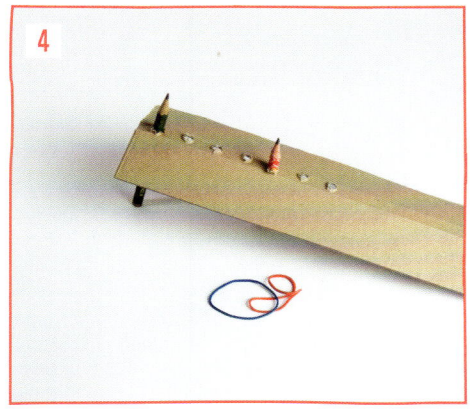

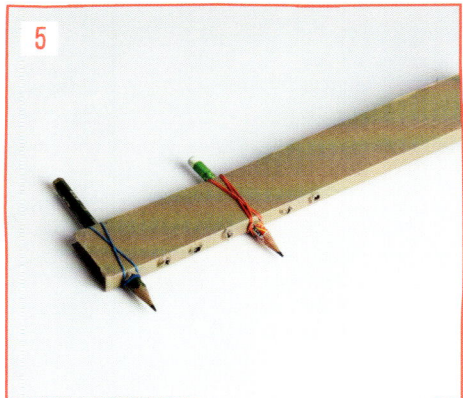

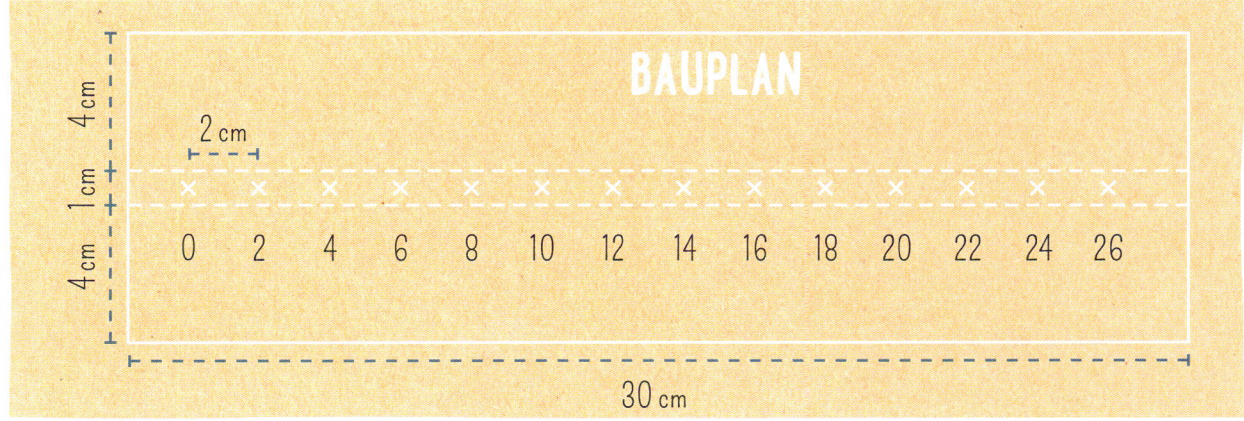

BAUPLAN

4 cm

2 cm

1 cm

4 cm

0 2 4 6 8 10 12 14 16 18 20 22 24 26

30 cm

PAPPE VERARBEITEN

Knicken

Zunächst musst du dir überlegen, ob du die Pappe parallel oder quer zu den Wellen knicken willst. Parallel zu den Wellen lassen sich einwellige Pappen noch ganz gut knicken. Bei zweiwelligen Pappen gelingt das schon nicht mehr so leicht. Aber genau diese Stabilität ist ja auch der Grund dafür, warum wir so gerne mit Wellpappe basteln.

Falzen

Um bei mehrwelligen Pappen den Knick an der gewünschten Stelle anzubringen, muss zuvor eine Seite der Deckschicht und eventuell auch eine Welle mit dem Sicherheitscutter oder einem Messer angeritzt werden. Das nennt man „Falzen". Um Pappe quer zur Welle zu knicken, sollte das Material auf jeden Fall angeritzt werden, weil sich der Knick sonst stark verzieht.

Nachdem du den Falz mit Lineal und Bleistift vorgezeichnet hast, hast du zwei Möglichkeiten, die Pappe zu falzen. Du findest sie auf der nächsten Seite.

Angeritzt lässt sich Wellpappe auch sehr gut diagonal zur Welle knicken.

Willst du die Wellpappe an mehreren Stellen gleichzeitig knicken, ritzt du sie am besten ebenfalls an.

Falz-Variante 1

1 Ritze mit dem Sicherheitscutter an der Markierung die Deckschicht und die Welle an, um eine „Sollbruchstelle" herzustellen.

2 Knicke das Pappstück nach außen, also weg von dir.

Falz-Variante 2

1 Ritze mit dem Sicherheitscutter an der Markierung die Deckschicht und die Welle an. Drücke mit dem Sicherheitscutter ohne Klinge zusätzlich eine abgeschrägte Kante ein.

2 Knicke das Pappstück nach innen, also in deine Richtung.

Rollen

Einwellige Pappe lässt sich parallel zur Welle sehr gut rollen, quer zur Welle gelingt es eher schlecht. Mehrwellige Pappe ist meist in jede Richtung störrisch.

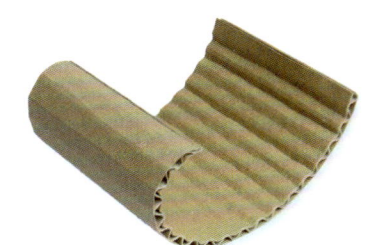

Immer parallel zur Welle rollen!

So nicht! Quer zur Welle lässt sich Pappe schlecht rollen!

PAPPTEILE VERBINDEN

Es gibt verschiedene Möglichkeiten, Pappe zu verbinden.
Es kommt immer auf die Beschaffenheit der Pappe und die
Art des Bauteils an, welche Variante sich am besten eignet.

Papierklebeband

Um Bauteile zusammenzukleben, liegt es auf der Hand, mit
Klebeband zu arbeiten. Wir haben die besten Erfahrungen mit
Papierklebeband gemacht, weil es gut hält und sich mit der
Hand reißen lässt. Man muss also nicht immer eine Schere zur
Hand haben. Papierklebeband gibt es auch in Braun, das fällt
auf der Pappe nicht auf und ist viel stabiler als Malerkrepp. Für
sehr stabile Verklebungen kann man auch Gewebeband ver-
wenden. Das gibt es sogar in vielen verschiedenen Farben.

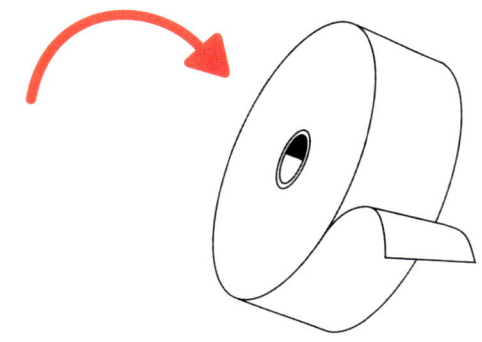

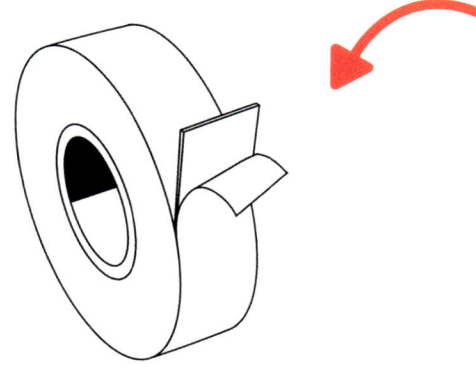

Doppelseitiges Klebeband

Um Flächen miteinander zu verbinden, eignet sich doppelseitiges Klebeband sehr gut. Unserer Erfahrung nach hält
das dünne aber nur bei kleinen Bauteilen. Willst du größere
Teile aneinanderkleben, solltest du auf dickes doppelseitiges
Klebeband mit Schaumkern zurückgreifen.

Heißklebepistole

Sie ist ein Klassiker und bei vielen Anwendungen ungeschlagen.
Mit ihr lässt sich so gut wie alles zusammenkleben, vom kleins-
ten Schnipsel bis zum großen Bauteil. Aber aufgepasst! An der
heißen Klebemasse kann man sich irre die Finger verbrennen!
Lass dir dabei also immer von einem Erwachsenen helfen.

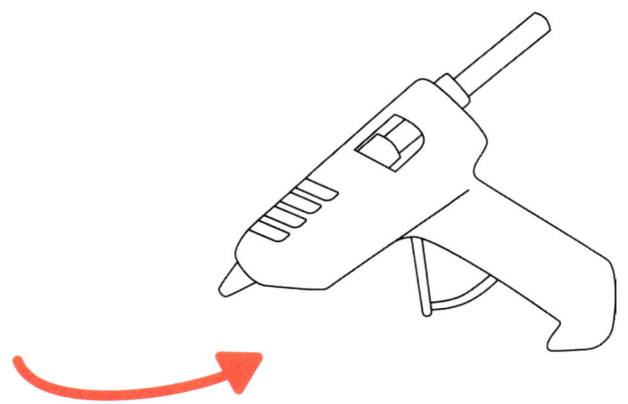

Kabelbinder

Kabelbinder und Wellpappe passen hervorragend zusammen, weil auch Kabelbinder
sich so einfach verarbeiten lassen und dabei auch noch super stabil sind. Du musst
einfach nur die Pappen, die du miteinander
verbinden willst, übereinanderlegen, mit
dem Schraubenzieher zwei Löcher durch
beide Pappen bohren, den Kabelbinder
einfädeln, festziehen und das überstehende Ende mit einem Seitenschneider ab-
knipsen.

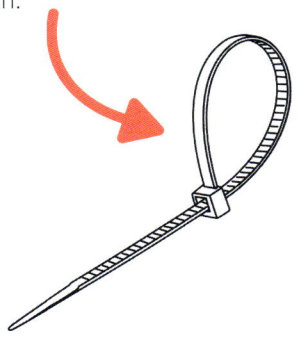

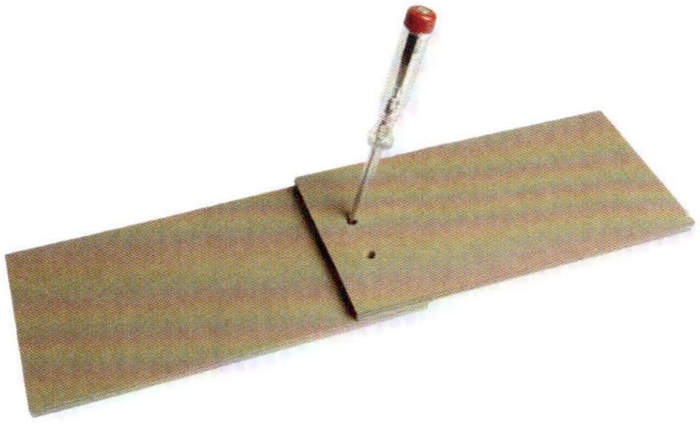

Mit Kabelbindern lassen sich
nicht nur flache, sondern auch
aufrechte Verbindungen ganz
leicht herstellen.

Flach kleben

Um zwei große Pappen beweglich miteinander zu verbinden, legst du sie nebeneinander und klebst ein Klebeband längs
über den Ritz. Zur Verstärkung kannst du
auch noch einige Streifen Klebeband quer
darüberkleben.

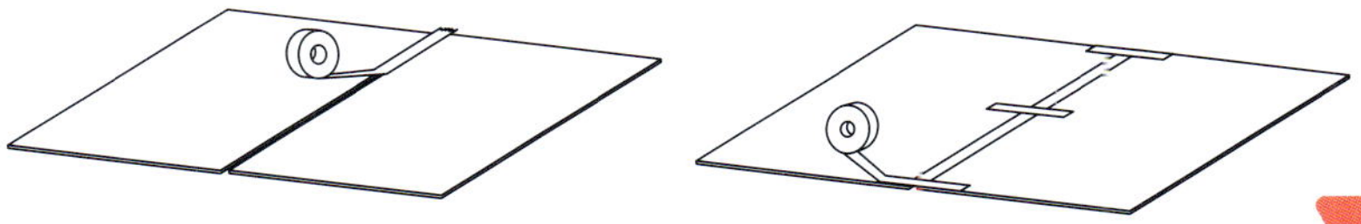

Ecken kleben

Um Ecken zu kleben, musst du die beiden
Pappen so aneinanderstellen, dass die
kürzere auf die Unterseite der längeren
stößt. Nun kannst du beide Pappen mit
kurzen Klebestreifen zusammenkleben.
Anschließend klebst du noch zusätzlich
einen langen Klebestreifen über die gesamte offene Kante.

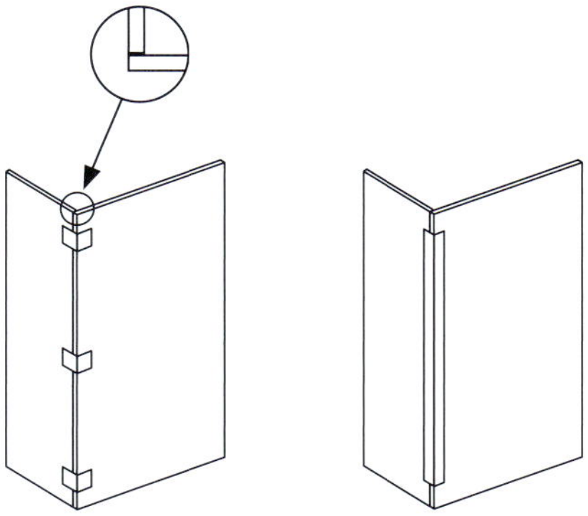

Wenn der Ritz auch außen ver-
deckt sein soll, stelle die Pappen
auf und klebe einen Klebestreifen
über die gesamte offene Kante.

PAPPE ANMALEN

Abtönfarbe

Abtönfarben lassen sich untereinander mischen. Sie halten außerdem ziemlich gut auf Papierklebeband, auf Klebeband aus Plastik leider nicht so gut.

Achte darauf, Abtönfarbe nicht zu dick aufzutragen, da sich sonst die Pappe wellt. Um deine Hände und deine Klamotten brauchst du dir keine Sorgen zu machen: Abtönfarbe lässt sich gut ab- und auswaschen, wenn sie noch nicht durchgetrocknet ist.

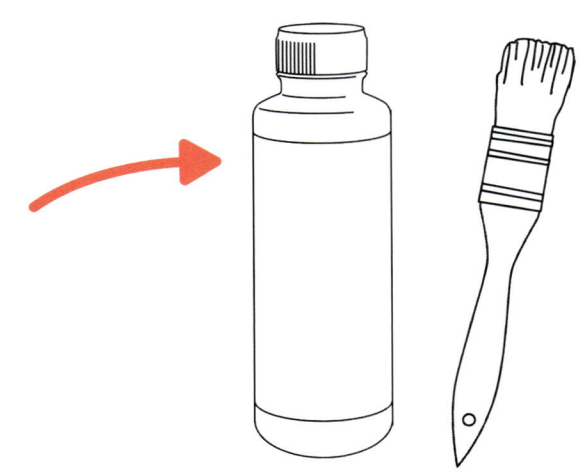

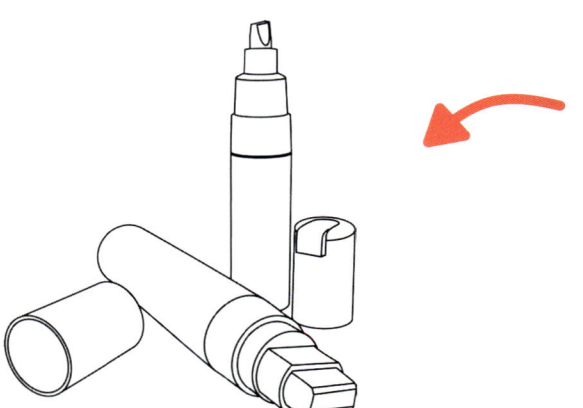

Pigmentmarker auf Wasserbasis

Pigmentmarker sind unsere große Entdeckung! Sie sind auf Wasserbasis hergestellt, darum stinken sie nicht. Außerdem halten sie auf allen Oberflächen und decken supergut. Die Stifte gibt es in vielen verschiedenen Farben und Breiten. Wir haben hauptsächlich die Breiten 15 mm und 8 mm verwendet.

Permanent-Marker

Manche Objekte sehen schon unbemalt klasse aus. Da kann man mit einem schwarzen Permanent-Marker Strukturen draufzeichnen. Probier es einfach mal aus!

FAHRZEUGE

Um die Pappwelt zu erkunden, wären ein paar Fahrzeuge nicht schlecht, oder? Hier findest du schon mal ein Cabriolet und einen Doppeldecker.

AUTO

Wie wäre es mit einer Fahrt im schicken Papp-Cabriolet?
Das macht nicht nur Spaß, es schont auch die Umwelt, denn
es besteht fast nur aus Recyclingmaterialien!

DU BRAUCHST:

(Doppel-)Wellpappe,
5–7 mm Stärke

Zollstock, Lineal,
Geodreieck, Zirkel

Sicherheitscutter
oder Messer

Klebeband

Heißkleber oder
doppelseitiges Klebeband

Abtönfarbe, Pinsel, Stifte

Kabelbinder

Schraubenzieher
(zum Löcher-Bohren)

Auf geht's!

1 Übertrage alle Teile für die Karosserie auf Pappen. Du kannst dich dabei an den Zentimeterangaben des Bauplans orientieren. Dann schneidest du alle Teile zu.

2 Klebe den Kühler, die Seitenteile und das Heck mit Klebeband auf die Bodenplatte.

3 Klebe anschließend die Motorhaube mit Klebeband auf die Karosserie.

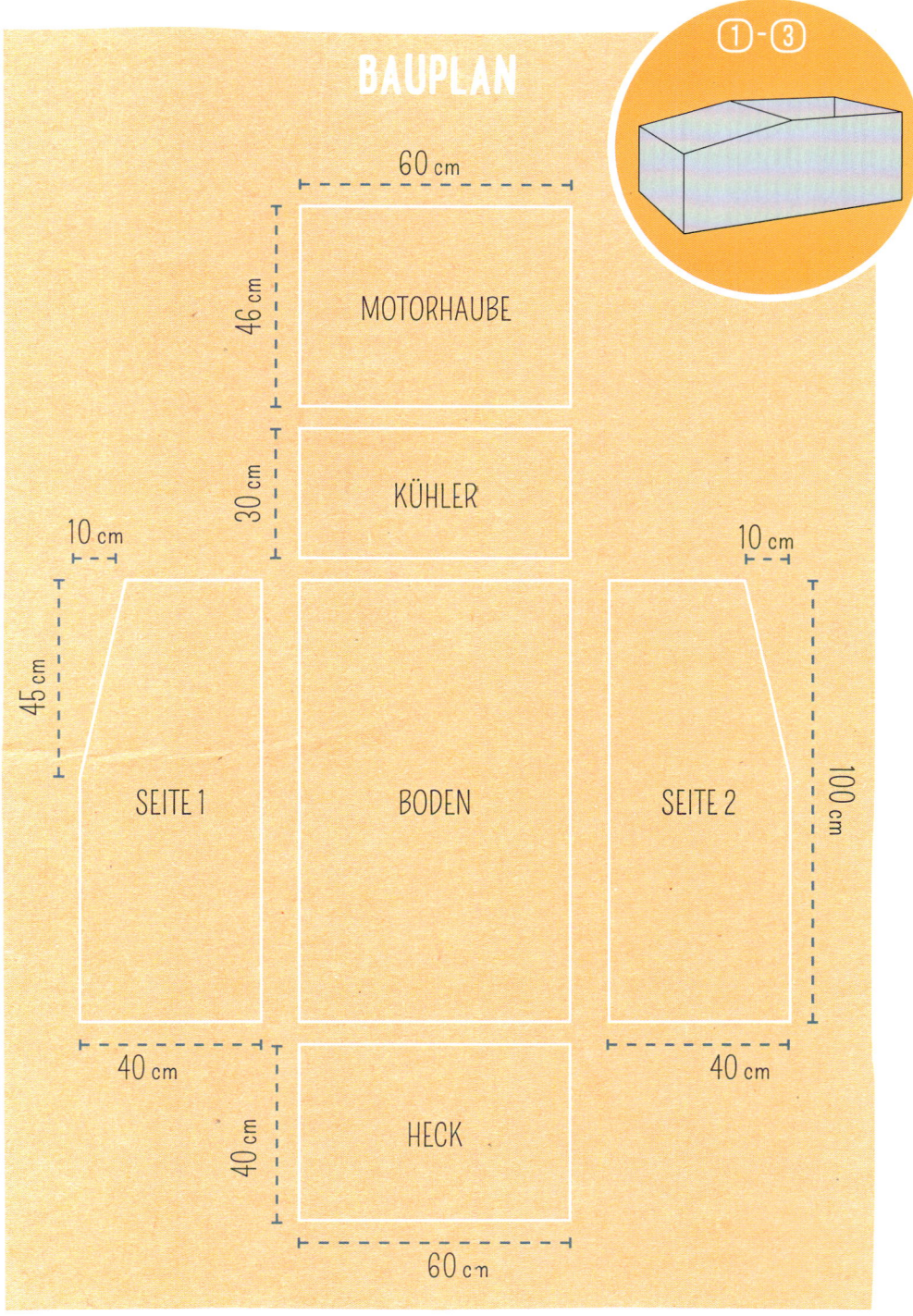

BAUPLAN

① - ③

60 cm

MOTORHAUBE

46 cm

30 cm

KÜHLER

10 cm

45 cm

SEITE 1

BODEN

SEITE 2

10 cm

100 cm

40 cm

40 cm

40 cm

HECK

60 cm

4 Nun überträgst du die Formen für die Türen, das Dach und den Windschutz auf Pappen und schneidest alles zu.

5 Als Nächstes klebst du die Türen mit Heißkleber oder doppelseitigem Klebeband auf die Karosserie.

6 Danach klebst du das Dach mit Klebeband an die Oberseiten der Türen.

7 Dann befestigst du die beiden Streifen für den Windschutz mit Klebeband oben und unten zwischen den Vorderseiten der Türen

8 Male die Karosserie am unteren Rand ringsum schwarz an. Der schwarze Streifen sollte ungefähr 10 cm hoch sein. Dann sieht es am Ende so aus, als würde dein Auto tatsächlich auf Rädern stehen.

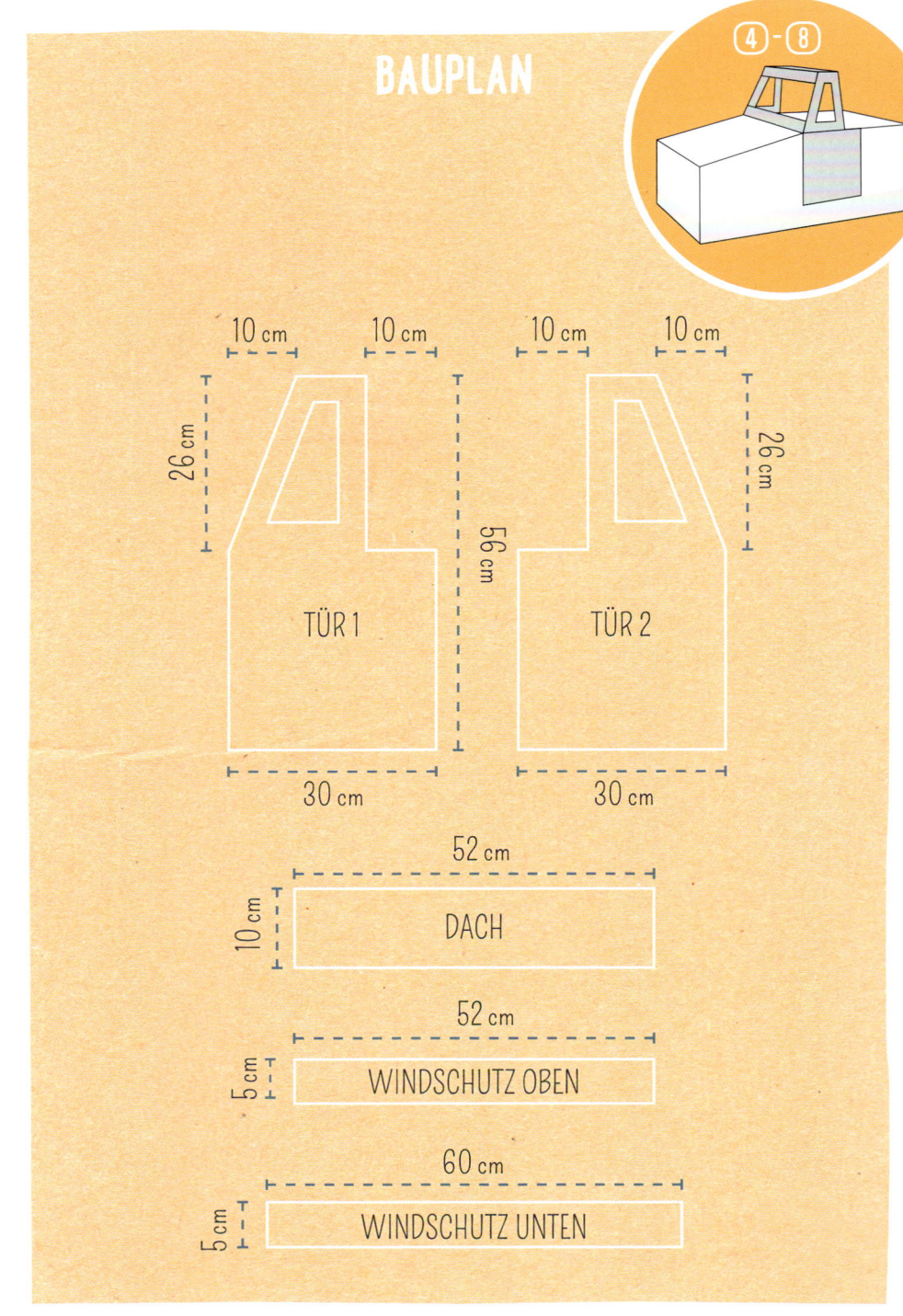

BAUPLAN

④ - ⑧

10 cm   10 cm   10 cm   10 cm

26 cm   56 cm   26 cm

TÜR 1   TÜR 2

30 cm   30 cm

52 cm
10 cm   DACH

52 cm
5 cm   WINDSCHUTZ OBEN

60 cm
5 cm   WINDSCHUTZ UNTEN

9 Nun überträgst du die Formen für die Motorhaube, den Kühler, die Reifen und die Scheinwerfer auf Pappen und schneidest alles zu.

10 Klebe die Teile auf das Auto und male es bunt an.

TIPP

Befestige mit Klebeband noch ein Armaturenbrett (siehe Bauplan) hinter der Windschutzscheibe und statte es mit Tempomat, Tankanzeige und einem beweglichen Lenkrad aus.

Lenkrad befestigen

Bohre in die Mitte deines Lenkrads und in eine Papptafel (die dann auf die Armatur geklebt wird) ein Loch, durch welches der „Kopf" des Kabelbinders nicht durchrutschen kann. Dann ziehst du den Kabelbinder durch das Lenkrad und die Tafel, schlingst ihn auf der Rückseite um ein Stückchen Pappe und führst ihn durch das Loch wieder zur Vorderseite des Lenkrads zurück, um ihn festzuziehen. Nun kannst du die Tafel mit dem Lenkrad mit doppelseitigem Klebeband oder Heißkleber auf das Armaturenbrett kleben.

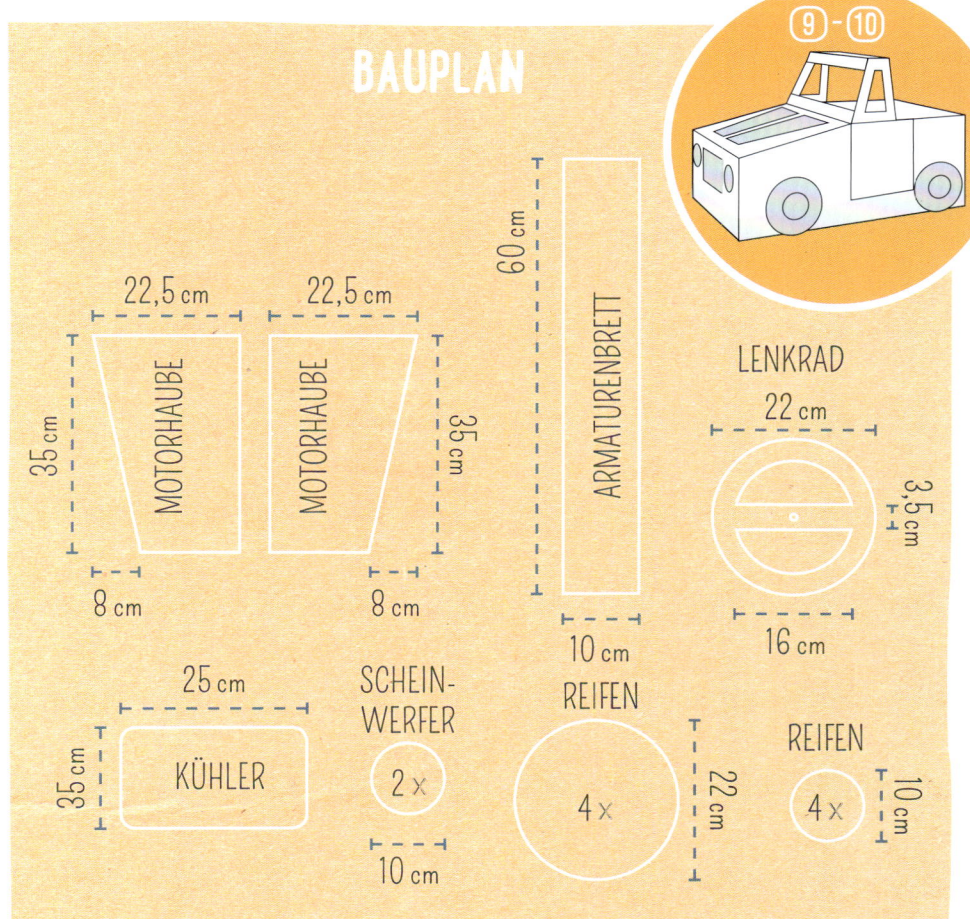

BAUPLAN

9 - 10

22,5 cm — MOTORHAUBE — 35 cm — 8 cm

22,5 cm — MOTORHAUBE — 35 cm — 8 cm

60 cm — ARMATURENBRETT — 10 cm

LENKRAD — 22 cm — 3,5 cm — 16 cm

35 cm — KÜHLER — 25 cm

SCHEINWERFER — 2 x — 10 cm

REIFEN — 4 x — 22 cm

REIFEN — 4 x — 10 cm

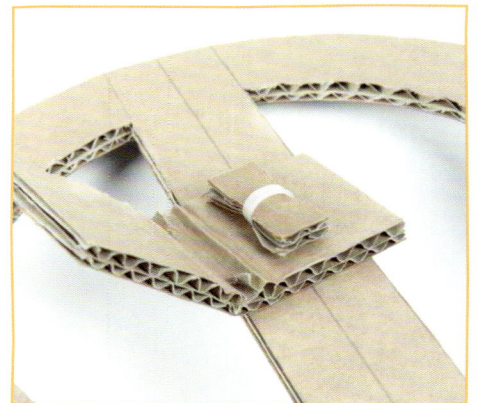

ZAPFSÄULE

Du wirst mit deinem Cabrio ja sicher eine Menge rumheizen.
Da musst du natürlich auch mal tanken!

SUPER

015,00

DU BRAUCHST:

(Doppel-)Wellpappe,
5–7 mm Stärke

Zollstock, Lineal,
Geodreieck

Sicherheitscutter
oder Messer

Klebeband

Heißkleber oder
doppelseitiges Klebeband

Kabelbinder

Schraubenzieher
(zum Löcher-Bohren)

Abtönfarbe, Pinsel, Stifte

Staubsaugerschlauch

Auf geht's!

1 Übertrage alle Teile des Grundkörpers auf Pappen, schneide sie zu und klebe den Grundkörper mit Klebeband zusammen.

2 Jetzt schneidest du den Streifen für die Schlauchhalterung zu und falzt ihn entlang der gestrichelten Linien, so wie im Bauplan abgebildet.

3 Befestige die Schlauchhalterung mit Kabelbindern am Grundkörper. Wie das funktioniert, kannst du auf Seite 18 nachlesen.

4 Schneide unterhalb der Schlauchhalterung ein Loch in die Zapfsäule. Es sollte in etwa den Durchmesser des Staubsaugerschlauchs haben.

5 Dekoriere und bemale die Zapfsäule nach deinen Wünschen. Und dann kann deine Spritztour beginnen!

Stecke das Ende des Schlauchs in das Loch und den Griff in die Halterung.

Verpasse deinem Auto noch einen Tankdeckel und eine Öffnung für den Schlauch.

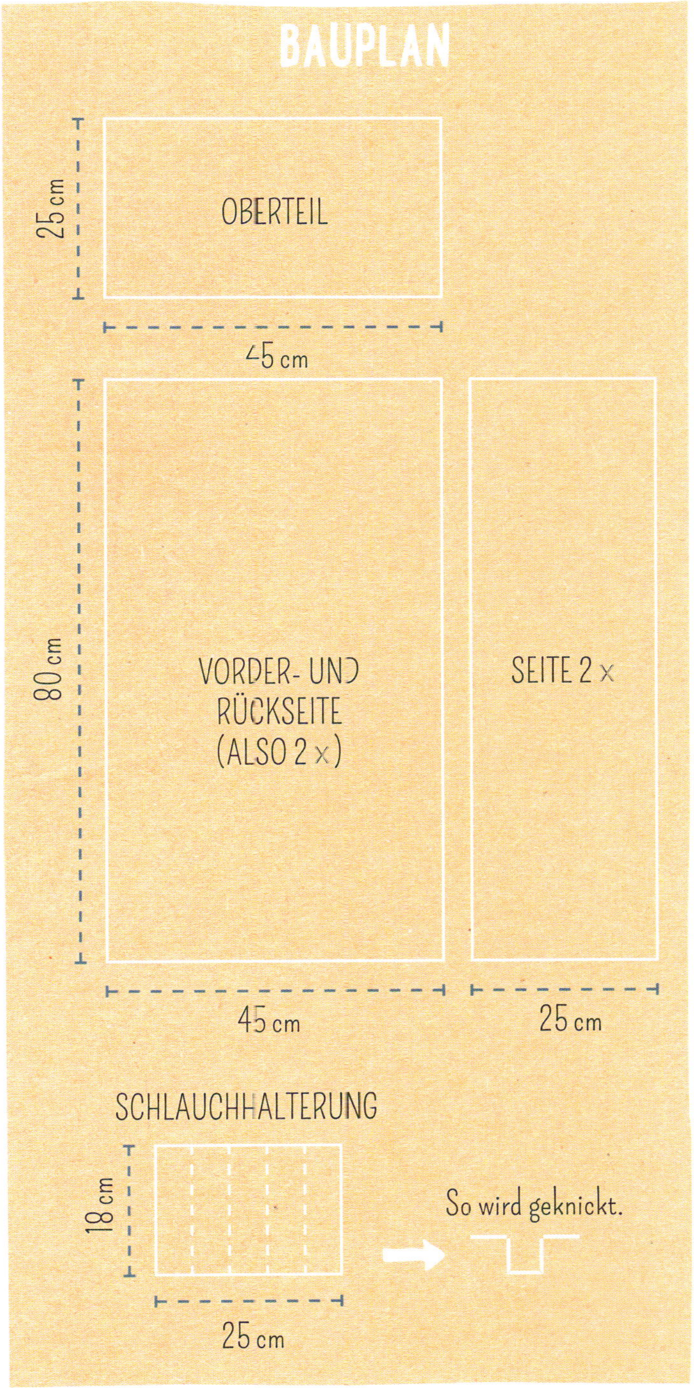

BAUPLAN

OBERTEIL

25 cm

45 cm

80 cm

VORDER- UND RÜCKSEITE
(ALSO 2 ×)

SEITE 2 ×

45 cm

25 cm

SCHLAUCHHALTERUNG

18 cm

25 cm

So wird geknickt.

FLUGZEUG

Um an ganz abgelegene Orte zu gelangen, kannst du ja auch das Flugzeug nehmen.

DU BRAUCHST:

(Doppel-)Wellpappe, 5–7 mm Stärke

Zollstock, Lineal, Geodreieck, Zirkel

Sicherheitscutter oder Messer

Klebeband

Heißkleber oder doppelseitiges Klebeband

Schraubenzieher (zum Löcher-Bohren)

Abtönfarbe, Pinsel, Stifte

Auf geht's!

1 Übertrage alle Teile für den Rumpf des Flugzeugs auf Pappen. Du kannst dich dabei an den Zentimeterangaben des Bauplans orientieren. Dann schneidest du alle Teile zu.

2 Klebe alle Seitenteile mit Klebeband an die Bodenplatte.

3 Danach klebst du den Deckel auf die Seitenteile. Und schon ist der Rumpf des Flugzeugs fertig!

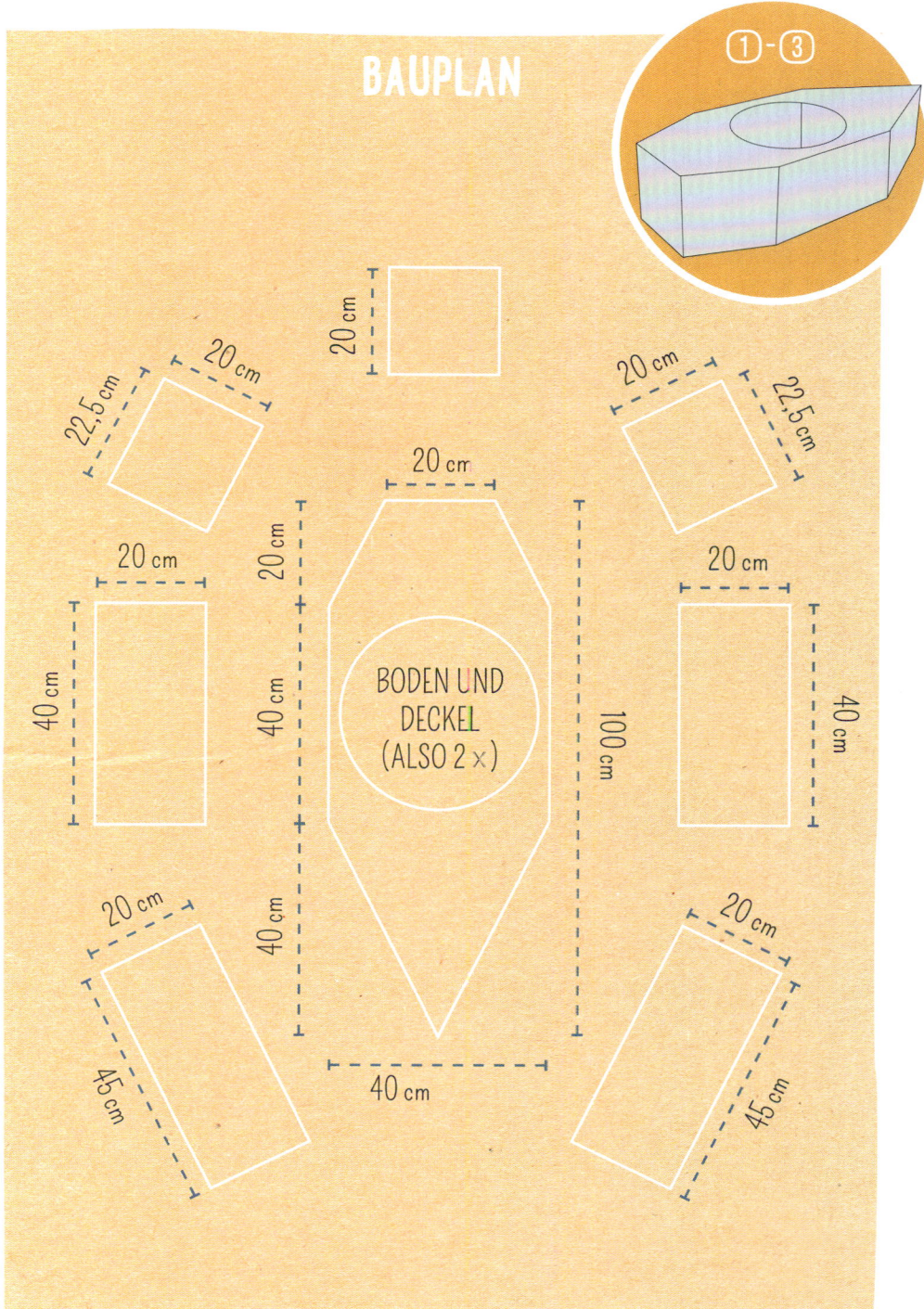

BAUPLAN

① – ③

20 cm

22,5 cm — 20 cm

20 cm — 22,5 cm

20 cm

20 cm — 20 cm

40 cm

40 cm

40 cm

BODEN UND DECKEL (ALSO 2×)

100 cm

40 cm

20 cm — 45 cm

20 cm — 45 cm

40 cm

4 Schneide die Flügel aus und klebe sie auf die Ober- und die Unterseite des Rumpfs.

5 Schneide die beiden Teile für das Leitwerk aus und stecke sie ineinander.

6 Schneide einen Schlitz in Materialstärke des Leitwerks hinten senkrecht in den Rumpf und stecke das Leitwerk-Teil X hinein.

7 Schneide die drei Teile für die Windschutzscheibe aus und klebe sie an den Rumpf.

8 Schneide die beiden Teile für den Propeller aus, klebe sie aufeinander und anschließend an die Spitze des Rumpfs. Wenn du magst, kannst du ein Pappstück zwischen Rumpf und Propeller kleben, damit er ein bisschen Abstand hat.

9 Jetzt kannst du dein Flugzeug noch anmalen und dekorieren.

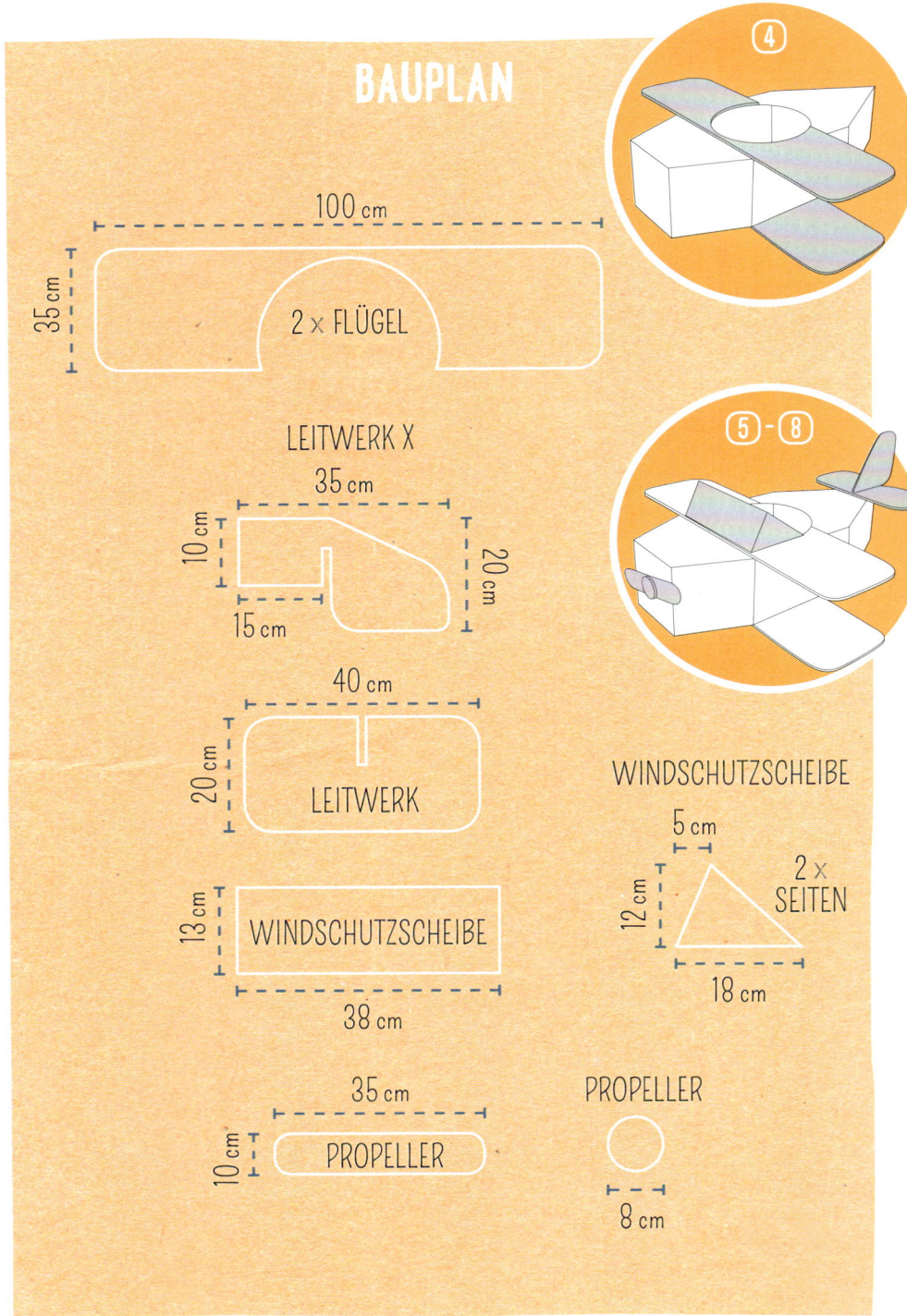

BAUPLAN

④

⑤ - ⑧

100 cm

35 cm

2 x FLÜGEL

LEITWERK X

35 cm

10 cm

15 cm

20 cm

40 cm

20 cm

LEITWERK

13 cm

WINDSCHUTZSCHEIBE

38 cm

WINDSCHUTZSCHEIBE

5 cm

12 cm

2 x SEITEN

18 cm

35 cm

10 cm

PROPELLER

PROPELLER

8 cm

TRAGEGURT

Damit du beim Fliegen die Hände frei hast, haben wir Tragegurte eingebaut. Dazu haben wir einen alten Koffergurt verwendet, weil man die Länge mit einer Schnalle anpassen kann. Das ist super, wenn sich verschieden große Piloten abwechseln.

DU BRAUCHST:

Kordel oder Gurt (am besten mit Schnalle zum Verstellen der Länge)

Schraubenzieher (zum Löcher-Bohren)

Kabelbinder

Unterlegscheiben

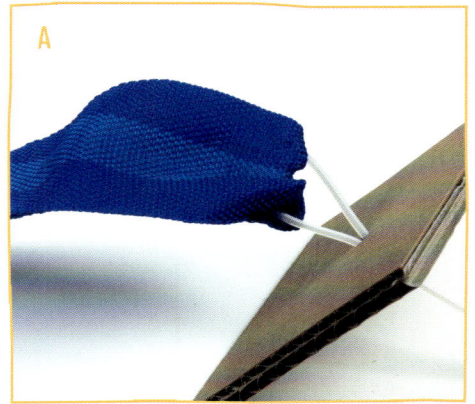

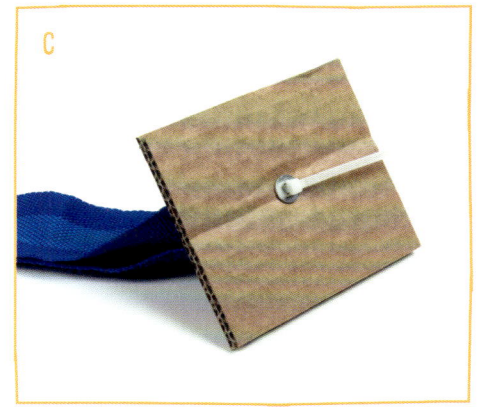

Auf geht's!

1 Bohre ein Loch mittig hinten in die Oberseite des Rumpfs.

2 Führe einen Kabelbinder erst durch eine Unterlegscheibe und dann von innen nach außen durch das Loch in der Pappe und wieder zurück, sodass eine Schlaufe entsteht.

3 Führe den Gurt nun durch die Schlaufe und ziehe den Kabelbinder fest. (Bild A-C)

4 Die Enden des Gurtes befestigst du vorne am Rumpf (Bild D) und links und rechts hinter der Windschutzscheibe, indem du sie um eine Schlaufe aus Kabelbinder knotest.

Befestige den Gurt am Rumpf und hinter der Windschutzscheibe.

GEBÄUDE

Natürlich brauchst du auch ein festes Dach über dem Kopf, ist ja klar.
Hier erfährst du, wie man Gebäude baut und sich darin vorzüglich einrichtet.

HAUS

Fangen wir erst einmal ganz bodenständig an: mit einem Haus –
und all den ganzen Sachen, die so ein Haus kann!

DU BRAUCHST:

(Doppel-)Wellpappe,
5–7 mm Stärke

Pappschachteln

Zollstock, Lineal,
Geodreieck, Zirkel

Sicherheitscutter
oder Messer

Klebeband

Heißkleber oder
doppelseitiges Klebeband

Abtönfarbe, Pinsel, Stifte

Kabelbinder

Schraubenzieher
(zum Löcher-Bohren)

Auf geht's!

1 Übertrage die zwei Seitenteile, Vorder- und Rückseite sowie die zwei Teile für das Dach auf Pappen. Du kannst dich dabei an den Zentimeterangaben des Bauplans orientieren. Dann schneidest du alle Teile zu.

2 Bevor du die Seitenteile aneinanderklebst, solltest du zunächst Fenster und Türen ausschneiden (siehe Seite 38 bis 41). Das klappt nämlich viel besser, wenn die Pappteile auf einer Unterlage liegen.

3 Lege die zwei Teile für das Dach mit der Unterseite nach oben nebeneinander und verbinde sie mit Klebeband. Wenn die Seitenteile dann zusammengeklebt sind, brauchst du das Dach nur noch auf den Giebel zu legen.

 **TIPP**

Die von uns verwendeten Pappen sind ziemlich groß. Frag einfach mal im Fahrradladen oder im Möbelhaus nach. Dort stehen die Chancen gut, an große Pappen ranzukommen.

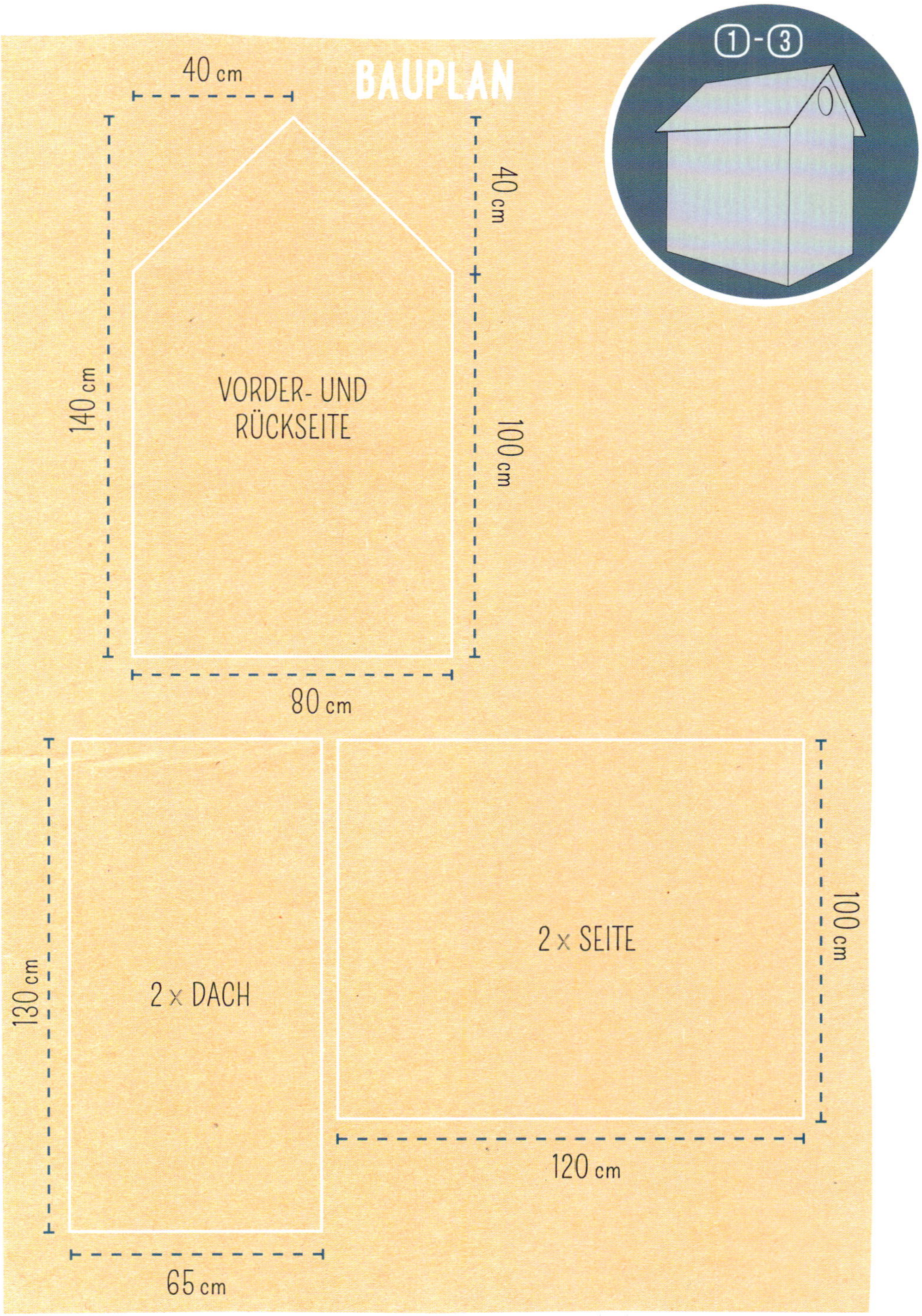

BAUPLAN

①-③

40 cm

40 cm

140 cm

100 cm

VORDER- UND RÜCKSEITE

80 cm

130 cm

2 × DACH

65 cm

2 × SEITE

100 cm

120 cm

TÜR UND FENSTER

Auf geht's!

1 Zeichne die Form der Tür auf der Innenseite der Wand vor und schneide sie aus. Die Tür wird zunächst komplett aus der Wand herausgeschnitten und hinterher wieder mit Scharnieren eingesetzt. Damit Tür und Wand stabiler sind, haben wir unterhalb der Tür einen 5 cm hohen Steg stehen lassen. Wenn deine Tür Fenster haben soll, schneide auch diese aus.

2 Schneide zwei Scharniere aus und falze sie entlang der gestrichelten Linie.

3 Nun passt du die Tür wieder in die Wand ein. Positioniere die Scharniere, wie auf dem Foto abgebildet, und bohre die Löcher für die Kabelbinder.

4 Führe die Kabelbinder durch die Löcher in Scharnieren und Wand und ziehe sie fest. Nun ist die Tür eingehängt.

Mit den Scharnieren kannst du die Tür beweglich an der Hauswand befestigen.

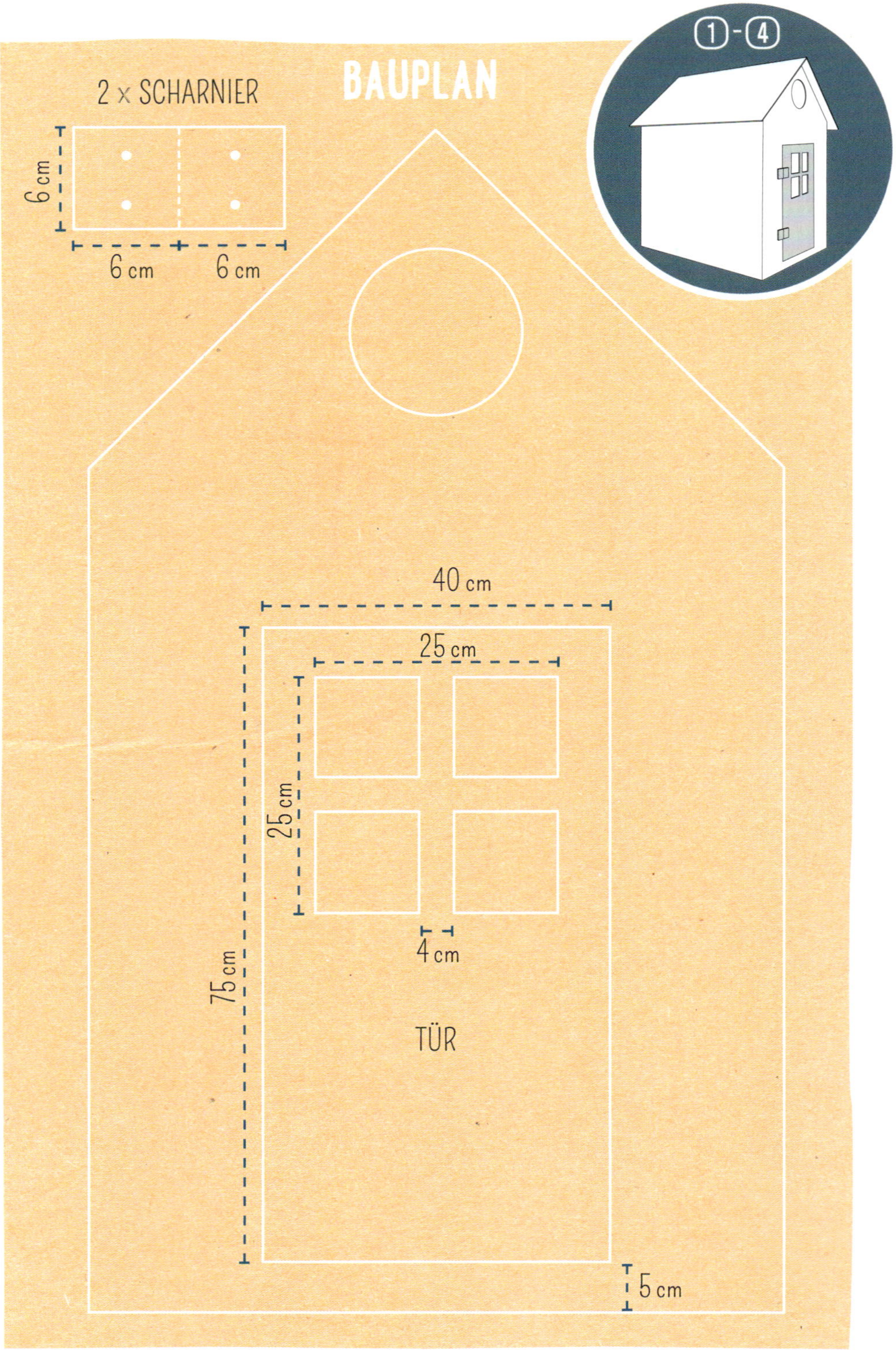

2 × SCHARNIER

6 cm

6 cm   6 cm

BAUPLAN

①-④

40 cm

25 cm

25 cm

4 cm

75 cm

TÜR

5 cm

Türformen

Wer behauptet eigentlich, dass Türen immer viereckig sein müssen? Es gibt unendlich viele Türformen.

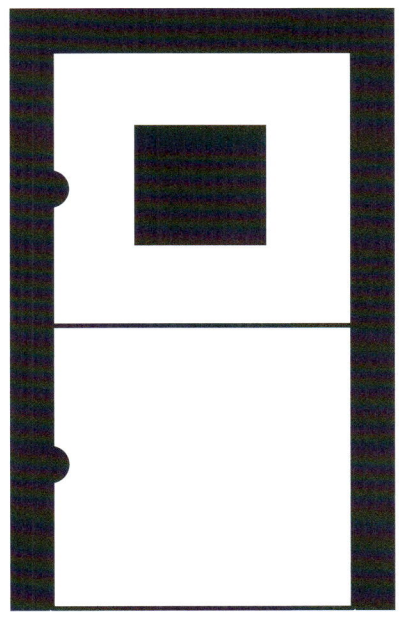
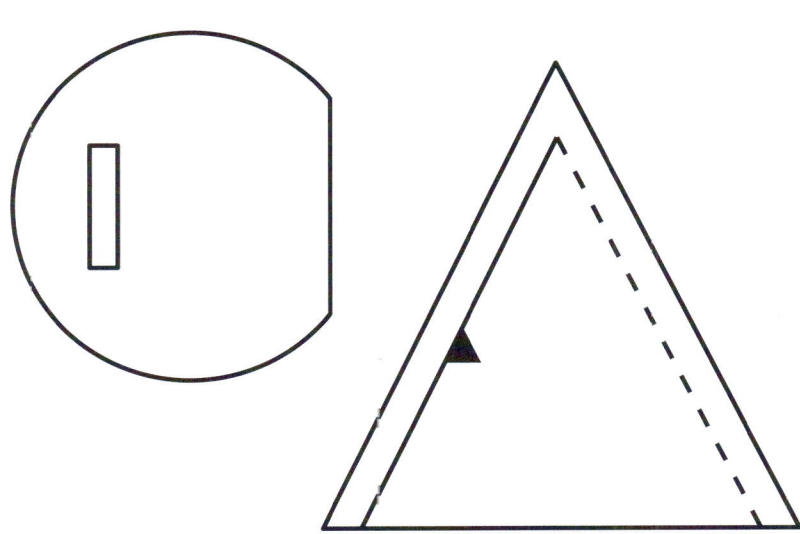

5 Zeichne die Form des Fensters auf der Innenseite der Wand vor und schneide es aus. Schneide auch die Fensteröffnungen aus.

6 Passe die beiden Fensterhälften wieder in die Wand ein und klebe sie an den Seiten fest, am besten mit Papierklebeband.

 **TIPP**

Das Fenster haben wir ähnlich wie die Tür gebaut: Damit es sich besser auf- und zumachen lässt, haben wir es nicht gefalzt, sondern erst komplett aus der Wand herausgeschnitten und dann wieder mit Papierklebeband eingesetzt.

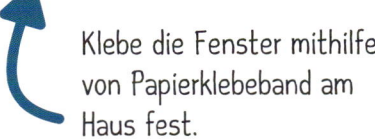

Klebe die Fenster mithilfe von Papierklebeband am Haus fest.

BAUPLAN

⑤-⑥

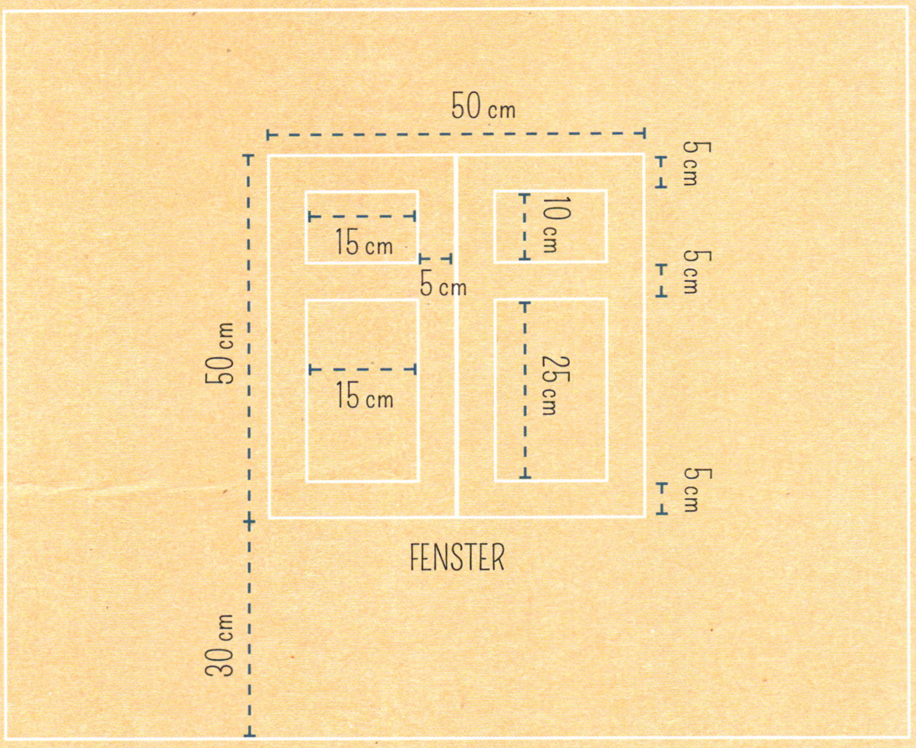

50 cm

5 cm

5 cm

5 cm

50 cm

30 cm

15 cm

10 cm

5 cm

15 cm

25 cm

FENSTER

Fensterformen

Auch Fenster müssen natürlich nicht immer eckig sein. Hier ein paar Anregungen.

SCHORNSTEIN

Auf geht's!

1 Übertrage die Form des Schornsteins auf eine Pappe und schneide sie aus.

2 Falze den Schornstein an den gestrichelten Linien, klebe ihn mit Klebestreifen zusammen und anschließend aufs Dach. Fertig ist die Laube!

Auf das Hausdach kannst du rote Dachziegel malen. Oder wie wäre es mit einem Strohdach oder mit Solarzellen? Du hast sicher noch viele weitere tolle Ideen!

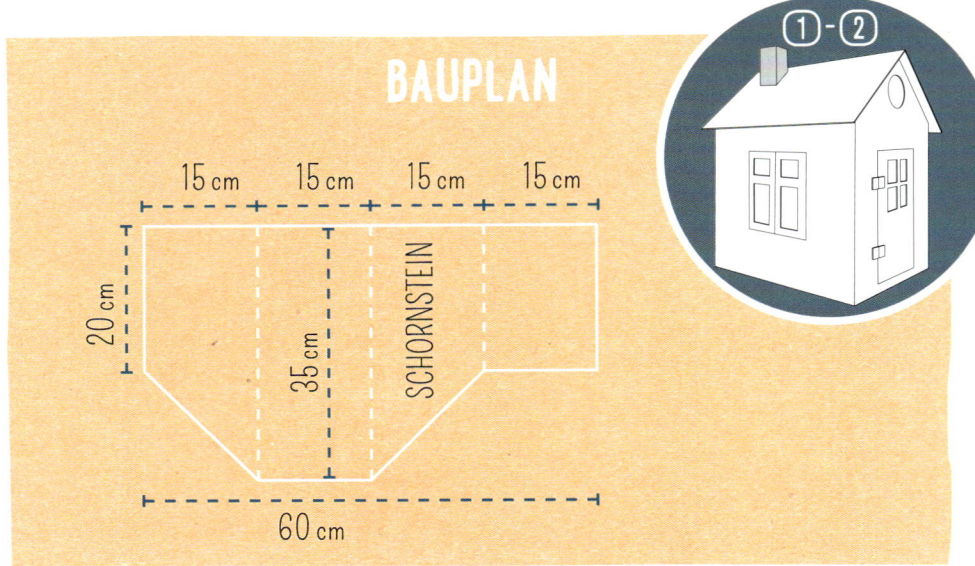

BAUPLAN

15 cm 15 cm 15 cm 15 cm

20 cm

35 cm

SCHORNSTEIN

60 cm

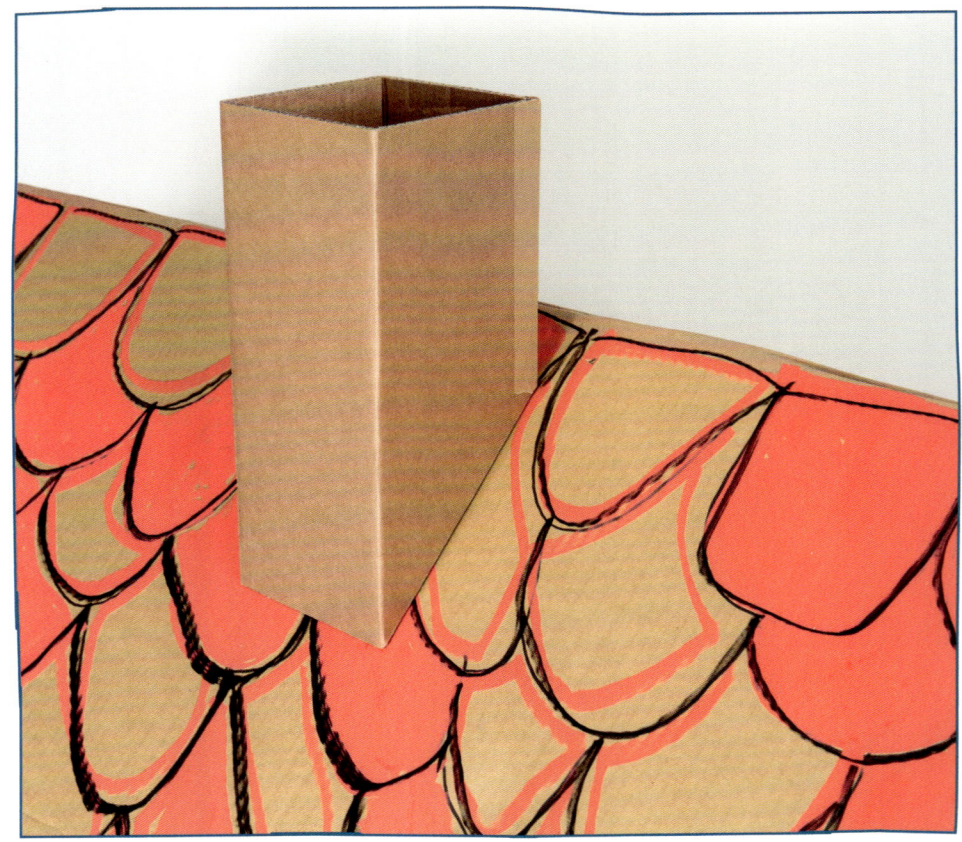

ZAUN

Zu einem großen Haus gehört meistens auch ein Zaun. Unseren haben wir aus sämtlichen Pappresten zusammengeschnippelt, die noch so rumlagen.

Schneide für die Zaunlatten jede Menge 5 bis 10 cm breite Pappstreifen aus. Die Querlatten sollten alle ungefähr dieselbe Länge haben und auf derselben Höhe angebracht werden, damit sich die einzelnen Zaunsegmente gut miteinander verbinden lassen.

Wie viele Zaunsegmente du brauchst, kannst du selbst entscheiden. Mit vier Segmenten kann man zum Beispiel eine kleine Weide abgrenzen, aber stell dir mal vor, was man mit zehn machen könnte – oder erst mit zwanzig!

Das Schöne ist, dass man bei den Zaunlatten gar nicht genau arbeiten darf, sonst sehen sie nämlich viel zu ordentlich aus!

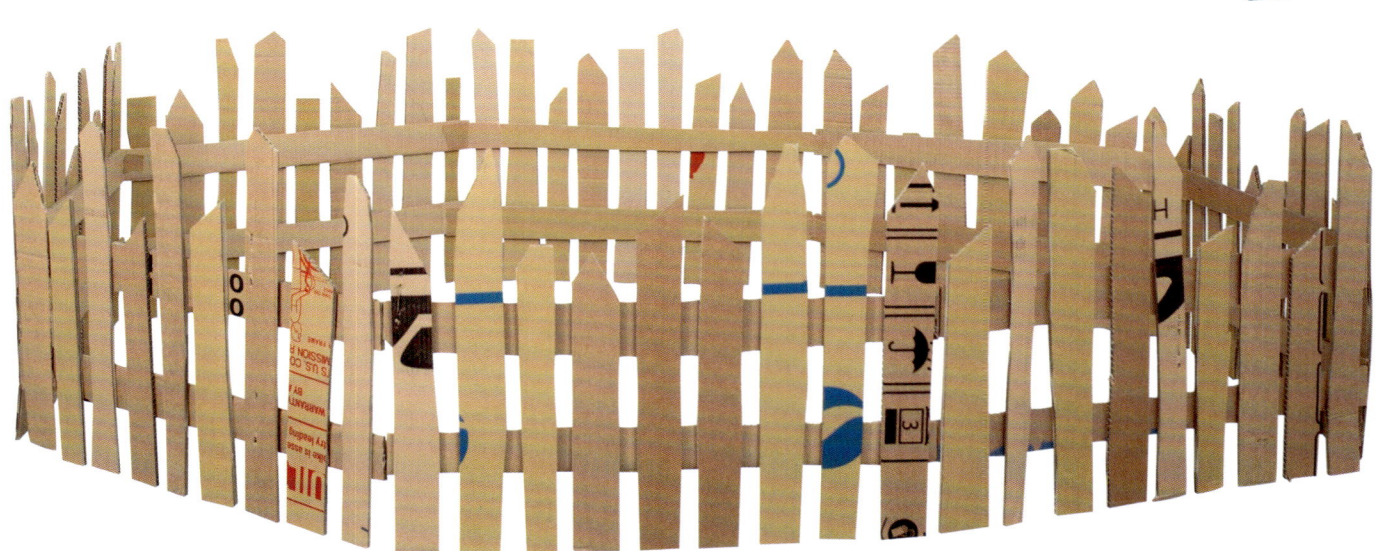

BRIEFKASTEN

Wir haben ihn nicht vergessen, denn er ist sehr wichtig: der Briefkasten! Wir zeigen dir zwei Möglichkeiten, einen zu bauen:

Entweder schneidest du einfach einen Schlitz in die Tür oder du findest eine Pappschachtel, die du als Briefkasten an die Tür kleben kannst.

 **TIPP**

Faulpelze schneiden in die Rückseite der Schachtel und in die Wand dahinter eine Öffnung hinein und müssen nicht einmal das Haus verlassen, um ihre Post zu lesen!

Auf den Briefkasten kannst du deinen Namen schreiben oder dein Lieblingstier malen.

BLUMENKASTEN UND TIERCHENBALKON

Richtig schön wohnen: Dazu gehören auch ein Blumenkasten und ein Tierchenbalkon. Du weißt nicht, was ein Tierchenbalkon ist? Das ist der Platz, an dem sich deine Plüschfreunde am allerwohlsten fühlen! Denn was gibt es Besseres, als sich die Welt von einem gemütlichen Plätzchen am Fenster aus anzuschauen?

Entweder du findest eine passende Schachtel oder einen Pappdeckel, den du zum Blumenkasten oder Tierchenbalkon umfunktionieren kannst, oder aber du baust dir selber einen:

Auf geht's!

1 Übertrage alle Formen des Bauplans auf eine Pappe und schneide sie aus. Was die Tiefe des Bodens betrifft, kannst du natürlich variieren, je nachdem wie groß die Blumentöpfe oder wie füllig deine Plüschfreunde sind.

2 Klebe die Teile mit Klebeband zusammen und befestige den Balkon mit Kabelbindern unterhalb des Fensters an der Hauswand. Bunt anmalen nicht vergessen!

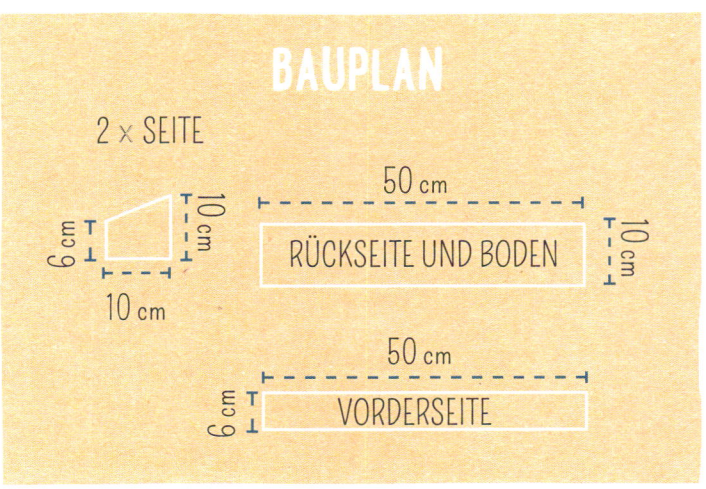

BAUPLAN

2 × SEITE

6 cm — 10 cm — 10 cm

50 cm

RÜCKSEITE UND BODEN — 10 cm

50 cm

9 cm — VORDERSEITE

LADEN

Ein Haus kann natürlich noch viel mehr sein als ein Haus,
in dem jemand wohnt. Es kann ein Laden sein, eine Post oder
eine Apotheke. Vielleicht sogar ein Kino!

DU BRAUCHST:

Haus (Bauplan Seite 38 ff.)

(Doppel-)Wellpappe,
5–7 mm Stärke

Wellpappereste

Obstkisten

2 dünne, gerade,
ca. 1 m lange Stöcke

4 Haushaltsgummis

Zollstock, Lineal,
Geodreieck, Zirkel

Sicherheitscutter
oder Messer

Klebeband

Heißkleber oder
doppelseitiges Klebeband

Abtönfarbe, Pinsel, Stifte

Kabelbinder

Schraubenzieher
(zum Löcher-Bohren)

KLAPPFENSTER

Auf den folgenden Seiten zeigen wir dir, wie du dein Haus schnell in die verschiedensten Geschäfte verwandeln kannst. Zuerst einmal braucht es dafür ein anderes Fenster, nämlich eins zum Aufklappen.

Auf geht's!

1 Zeichne die Form des Fensters auf der Innenseite der Wand des Hauses vor.

2 Schneide die Fensterfläche an den Seiten und unten aus. Die obere Seite wird nur gefalzt, sodass sich das Fenster nach oben klappen lässt.

3 Wenn du willst, kannst kannst du auch noch einen Streifen Pappe ausschneiden und ihn als Griff am unteren Rand des Fensters ankleben.

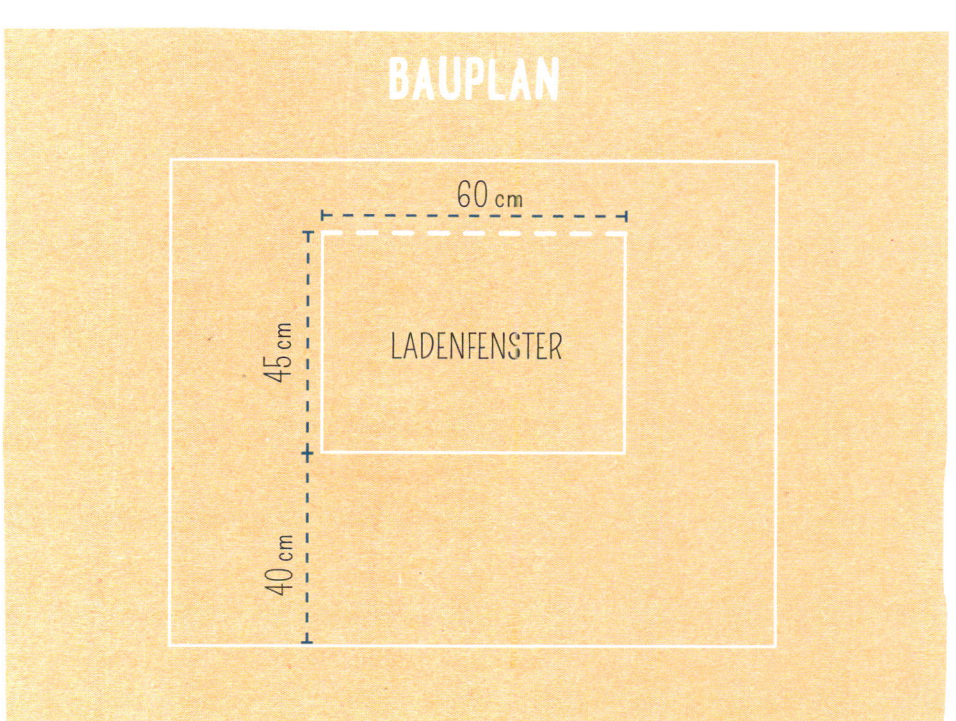

BAUPLAN

60 cm

45 cm

40 cm

LADENFENSTER

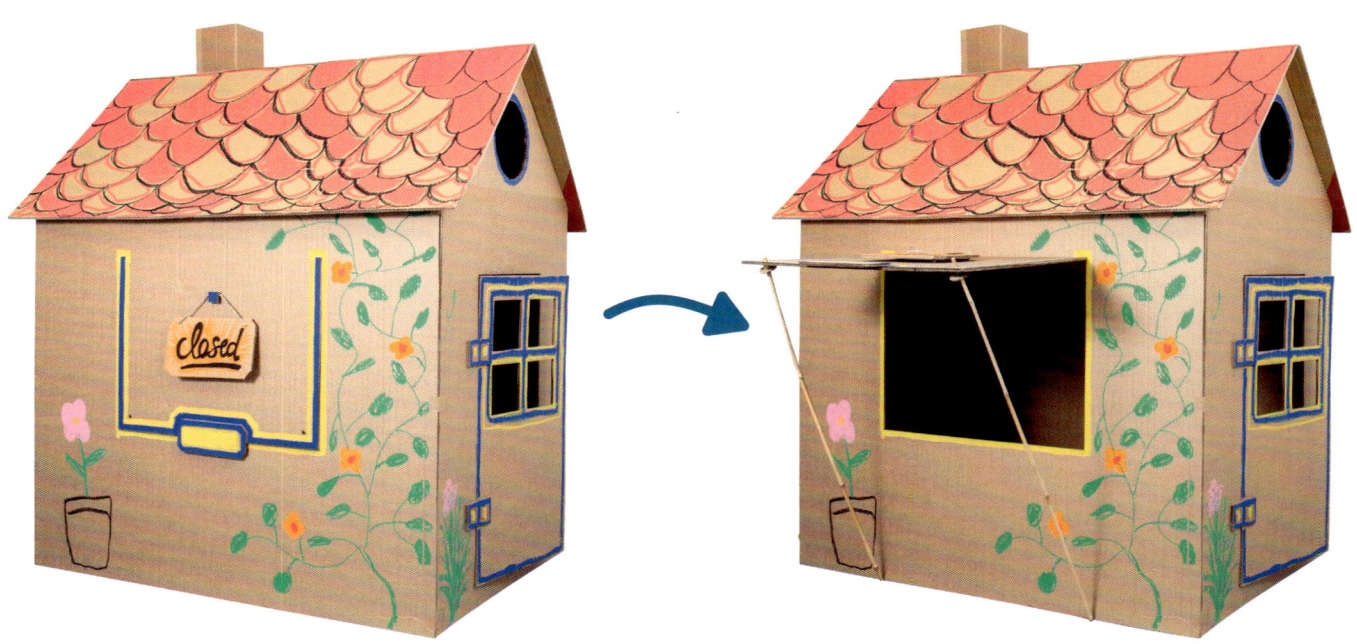

FENSTERSTÜTZE

Der Clou an dem Fenster ist, dass es mit zwei Stützen aufgestellt wird.

Auf geht's!

1 Kürze dafür zunächst zwei gerade, etwa 1 cm dicke Stöcke auf eine Länge von etwa 95 cm.

2 Schneide zwei Pappscheiben mit einem Durchmesser von etwa 5 cm aus und bohre in die Mitte ein Loch, durch das die Stöcke passen.

3 Wickle je ein Haushaltsgummi um das Ende der Stöcke, setze die Pappscheiben darauf und wickle ein weiteres Gummi darum, sodass die Scheiben zwischen den Gummis festklemmen.

4 Bohre in die vorderen Ecken der Fensterklappe Löcher für die Stützen und stecke sie hinein. Nun kannst du die Fensterklappe aufstellen.

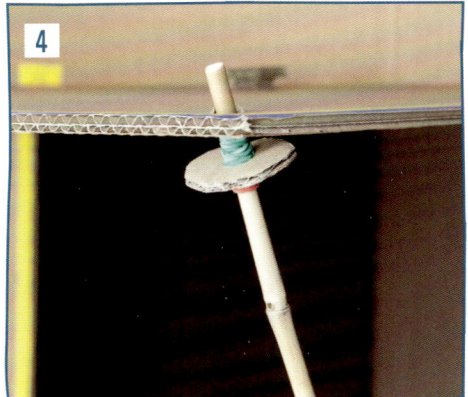

MARKISE

Damit dein Haus wie ein richtiger Laden aussieht, kannst du noch eine Markise an der Fensterklappe anbringen.

Auf geht's!

1 Übertrage die Form der Markise auf eine Pappe und schneide sie aus. Die Markise sollte dieselbe Breite wie die Fensterklappe haben. Male sie an.

2 Bohre am linken und rechten oberen Rand kleine Löcher in die Markise, stecke Kabelbinder durch und diese dann in die Wellen der Fensterklappe. Fertig!

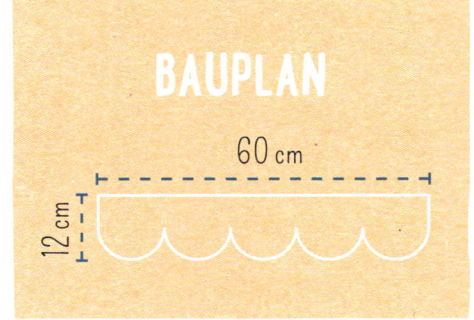

BAUPLAN

60 cm

12 cm

Jedes Geschäft kann seine eigene Markise haben: Für die Post befestigst du zum Beispiel eine gelbe, für den Fischstand eine blaue Markise.

LADENSCHILD

Damit alle sehen können, was es in deinem Laden zu kaufen gibt, braucht er noch ein Schild. Falls du das Schild mal wechseln willst, weil du dein Haus von einem Gemüseladen in eine Post oder in eine Apotheke verwandeln willst, haben wir uns einen Schilderhalter ausgedacht.

Auf geht's!

1 Übertrage die Form des Schilderhalters zweimal auf eine Pappe und schneide sie aus.

2 Stecke dein Ladenschild hinein und dann mit den Halterungen ans Dach.

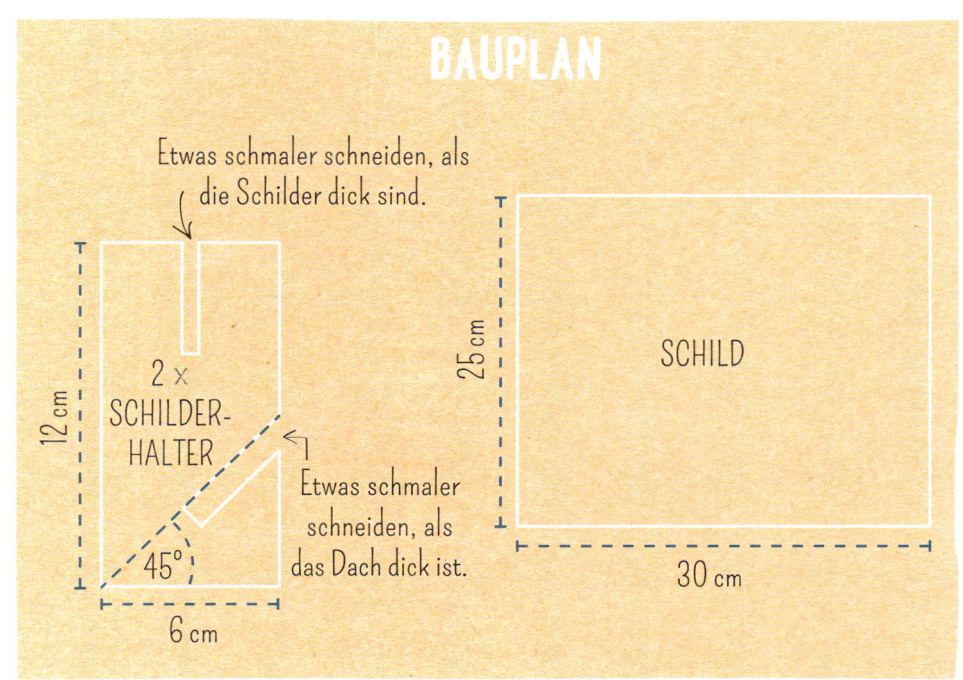

BAUPLAN

Etwas schmaler schneiden, als die Schilder dick sind.

2 × SCHILDER-HALTER

12 cm

45°

6 cm

Etwas schmaler schneiden, als das Dach dick ist.

SCHILD

25 cm

30 cm

Mit einer Halterung kannst du dein Schild ganz leicht am Dach befestigen.

VERKAUFSTISCH

Hinter dem offenen Ladenfenster sollte natürlich ein Verkaufstisch stehen, auf dem du deine Waren anbieten kannst. Hier kommen unsere geliebten Obstkisten zum Einsatz, die du beim Gemüsehändler, auf dem Markt oder im Supermarkt finden kannst.

Auf geht's!

1. Besorge dir zwei hübsche mittlere Obstkisten, zum Beispiel mit einer Grundfläche von 30 × 40 cm. Die Größe steht meistens auf dem Boden der Kiste.

2. Übertrage die Form der Tischbeine jeweils zweimal auf eine Pappe und schneide sie aus. „Tischbein 1" wird entlang der gestrichelten Linie gefalzt, damit du einen Winkel knicken kannst.

3. Zeichne die gewünschte Höhe der unteren Ablage auf den Beinen an.

4. Klebe die Tischbeine mit Heißkleber an die Obstkisten.

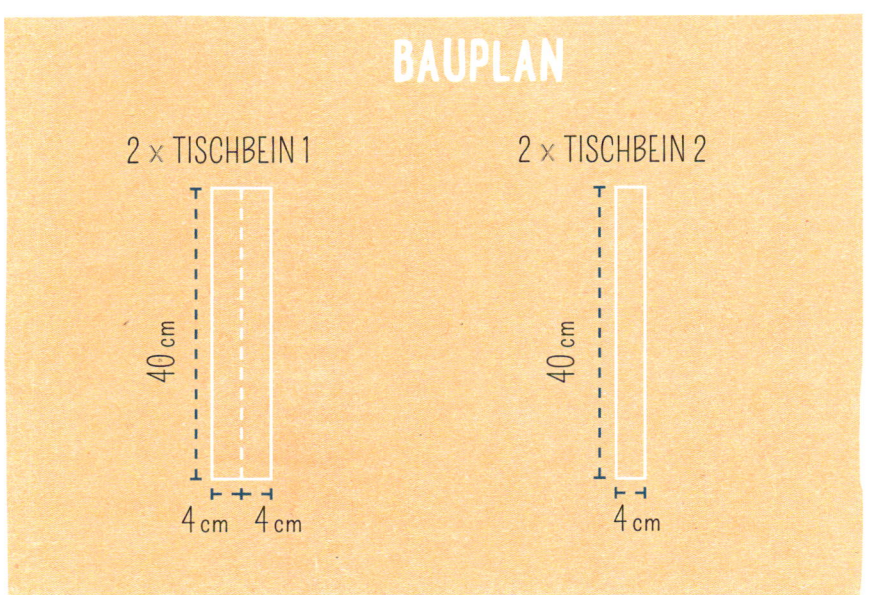

BAUPLAN

2 × TISCHBEIN 1

40 cm

4 cm   4 cm

2 × TISCHBEIN 2

40 cm

4 cm

Der praktische Verkaufstisch hat zwei Etagen und bietet jede Menge Platz für tolle Waren.

REGALE

Aus Obstkisten lassen sich auch hervorragend Regale bauen. Hier erfährst du, wie du die Regalböden herstellen kannst.

Auf geht's!

1 Messe die Innenmaße des Kartons genau aus. Sie unterscheiden sich oft.

2 Übertrage die Form des Regalbodens auf eine Pappe, schneide sie aus und falze sie an den gestrichelten Linien.

3 Anschließend verbindest du die Seitenteile des Regalbodens und den Rand der Obstkiste mit Kabelbindern.

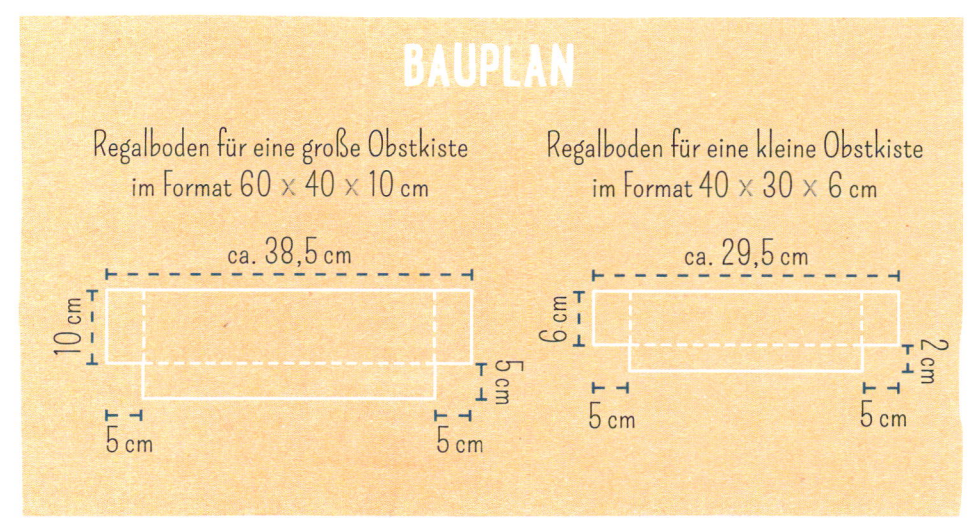

BAUPLAN

Regalboden für eine große Obstkiste
im Format 60 x 40 x 10 cm

ca. 38,5 cm
10 cm
5 cm
5 cm
5 cm

Regalboden für eine kleine Obstkiste
im Format 40 x 30 x 6 cm

ca. 29,5 cm
6 cm
2 cm
5 cm
5 cm

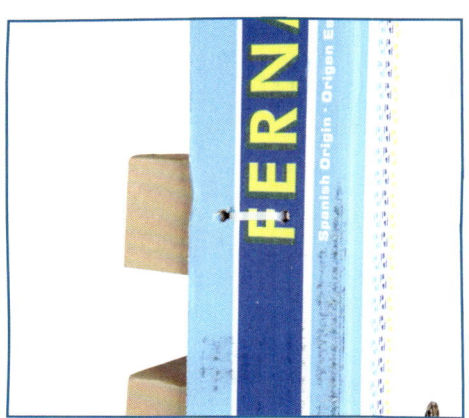

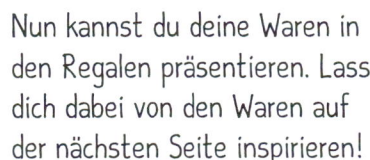

Die Regalböden lassen sich am stabilsten mit Kabelbindern an den Obstkisten befestigen. Das geht superschnell!

Nun kannst du deine Waren in den Regalen präsentieren. Lass dich dabei von den Waren auf der nächsten Seite inspirieren!

WARE

Selbstverständlich brauchst du auch Ware! Da sind deiner Fantasie wirklich keine Grenzen gesetzt. Also ran an die Pappe, Stifte und Pinsel! Übrigens kann man auch aus hübsch bedruckter Obstkisten-Pappe viele tolle Sachen machen.

BURGEN UND RITTER

Du brauchst keine Zeitmaschine, um herauszufinden, wie es im Mittel-
alter war. Erschaffe dir einfach deine eigene Mittelalterwelt und werde
zu Ritterin, Ritter, Burgherr oder Burgfräulein!

BURG

Was wäre ein Ritter ohne Burg? Ein ziemlich armer Ritter!
Und ein gestresster obendrein, denn er wäre seinen Feinden
schutzlos ausgeliefert.

DU BRAUCHST:

(Doppel-)Wellpappe,
5—7 mm Stärke

Zollstock, Lineal,
Geodreieck, Zirkel

Sicherheitscutter
oder Messer

Klebeband

Heißkleber oder
doppelseitiges Klebeband

Abtönfarbe, Pinsel, Stifte

Kabelbinder

Schraubenzieher
(zum Löcher-Bohren)

Seile, ca. 1,20 m Länge

TURM

Auf geht's!

1 Übertrage alle drei Teile für den Turm jeweils viermal auf Pappen und schneide sie aus. Wie immer kannst du dich an unseren Maßen orientieren, du kannst die Größe der Bauteile aber auch an Material anpassen, welches du zur Verfügung hast.

2 Klebe jeweils alle vier Einzelteile von Teil 1, Teil 2 und Teil 3 mit Klebestreifen zusammen.

3 Klebe anschließend die fertigen Teile 1 bis 3 mit Klebestreifen aufeinander und bemale den Turm.

Wenn dein Turm begehbar sein und ein Fenster haben soll so wie dieser hier, schneide die entsprechenden Öffnungen aus je einem Teil 3 aus, bevor du alle vier Einzelteile zusammenklebst.

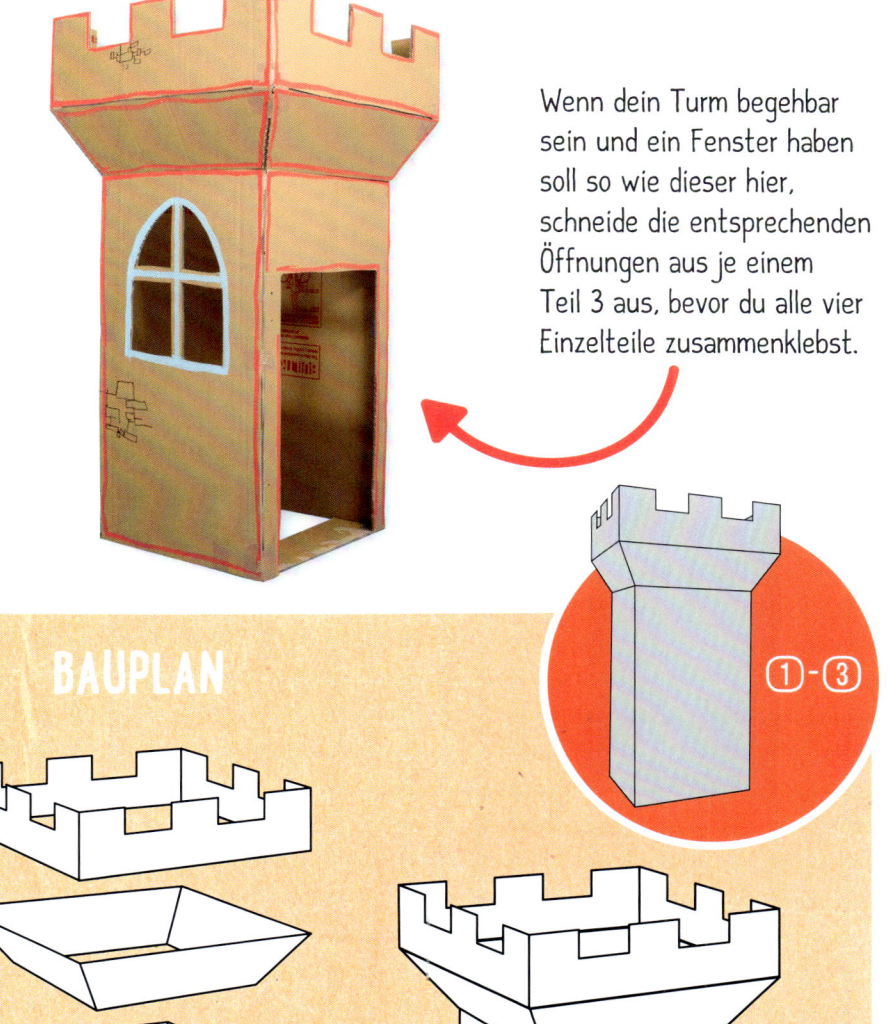

①-③

BAUPLAN

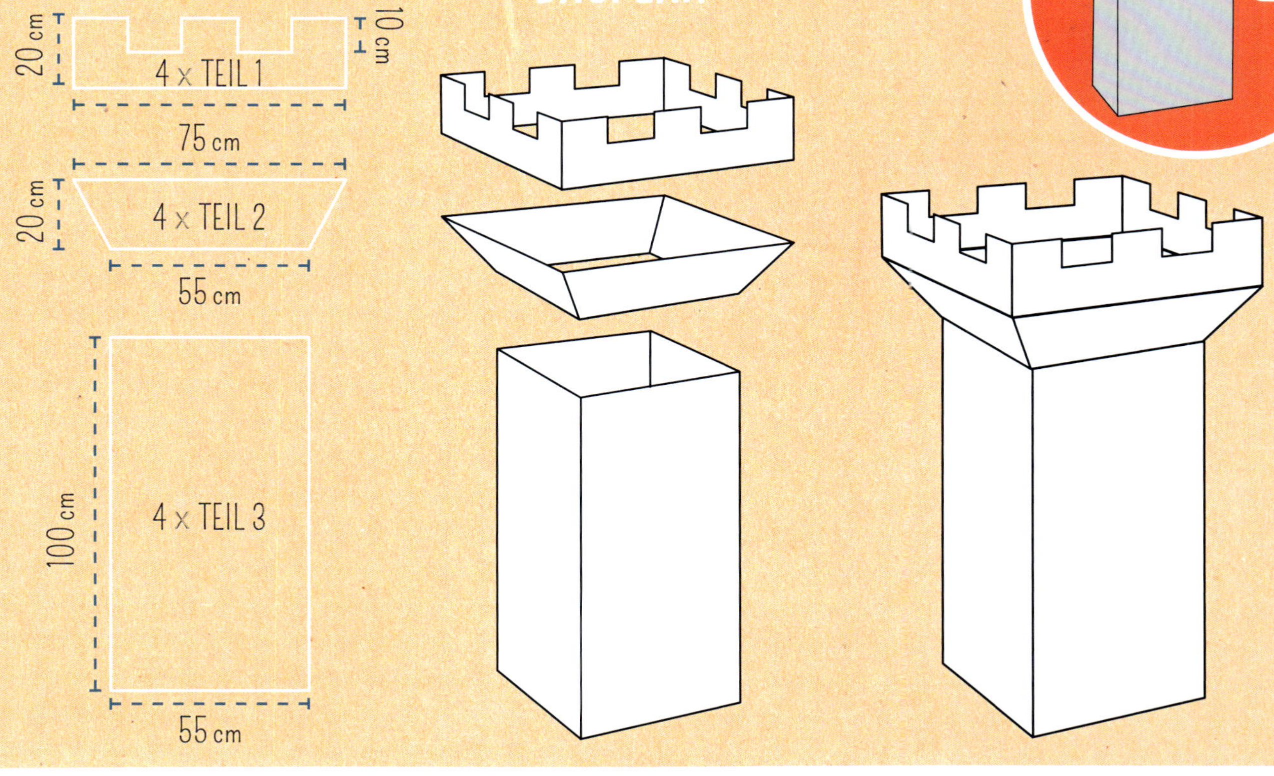

20 cm — 10 cm
4 x TEIL 1
75 cm

20 cm
4 x TEIL 2
55 cm

100 cm
4 x TEIL 3
55 cm

BURGMAUER

Die Burgmauer kannst du beliebig ausbauen, denn sie besteht nur aus zwei Grundelementen. Eine praktische Variante ist eine Burgmauer, bestehend aus einem Mauerteil 1 und drei Mauerteilen 2. So kannst du, zusammen mit dem Turm, eine geschlossene Burgmauer errichten.

Auf geht's!

1 Übertrage die Formen für Mauerteil 1 und 2 jeweils auf Pappen und schneide sie aus.

2 Schneide die Scharniere aus und falze sie entlang der gestrichelten Linie. Wie viele Scharniere du brauchst, hängt davon ab, wie viele Mauerteile du miteinander verbinden willst.

3 Positioniere die Scharniere auf den Mauerteilen, die du miteinander verbinden willst, und bohre die Löcher für die Kabelbinder.

4 Führe die Kabelbinder durch die Löcher in den Scharnieren und Mauerteilen und ziehe sie fest.

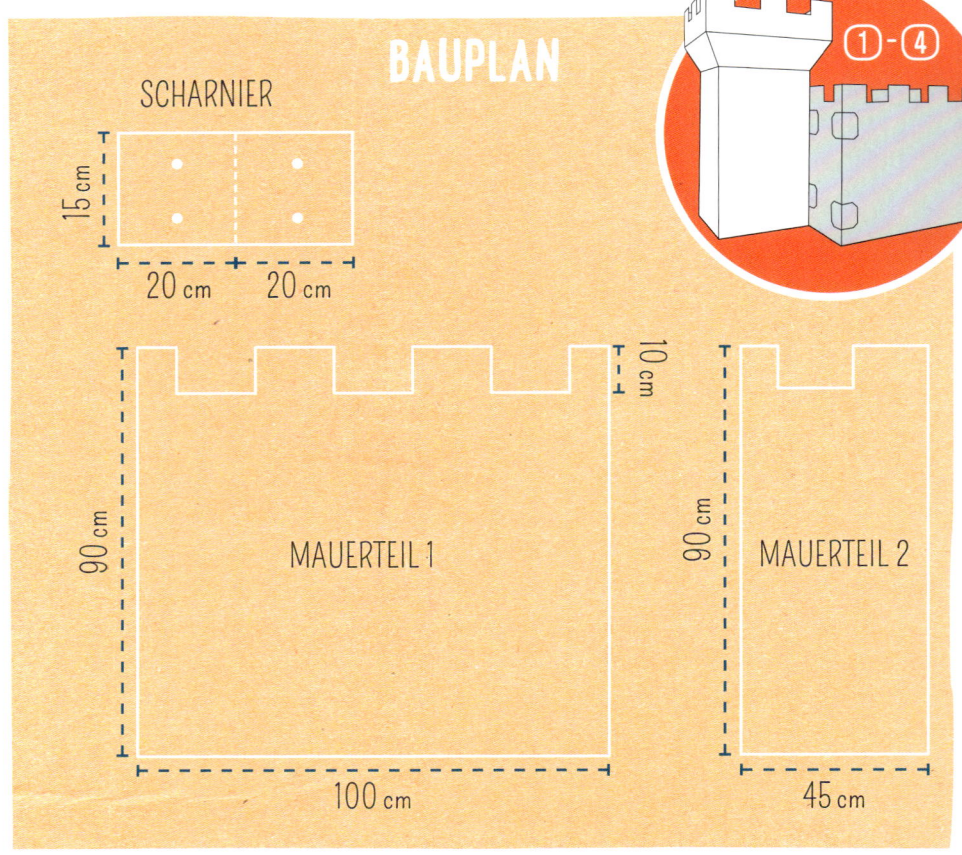

Die Scharniere sind superpraktisch! Durch sie lässt sich die Mauer im Zickzack zusammenklappen und somit leicht verstauen!

In eines der Mauerteile kannst du ein Burgtor einbauen. Wie das geht, erfährst du auf der nächsten Seite.

BURGTOR

Auf geht's!

1 Übertrage die Form für Mauerteil 1 (siehe Seite 60) auf eine Pappe und schneide sie aus.

2 Schneide einen 20 cm breiten Pappstreifen in der Länge des Mauerteils 1 aus. Er dient zur Stabilisierung und zur Befestigung der Zugbrücke.

3 Klebe den Pappstreifen mit breitem Klebeband an die Unterseite des Mauerteils.

4 Nun zeichnest du die Zugbrücke auf die Rückseite des Mauerteils und schneidest sie aus, jedoch ohne die Verbindung zum Pappstreifen zu durchtrennen.

5 Jetzt kannst du die Zugseile anbringen. Diese sollten etwa eine Länge von 1,20 m haben. Bohre dafür je zwei Löcher in die Zugbrücke und oberhalb der Zugbrücke in das Mauerteil (siehe Foto). Um die Pappe an den Stellen zu stabilisieren, an denen die Löcher für die Seile gebohrt wurden, haben wir Pappscheiben mit einem Durchmesser von 10 cm aufgeklebt.

6 Fädle die Seile durch die Löcher und fixiere sie mit einem Knoten.

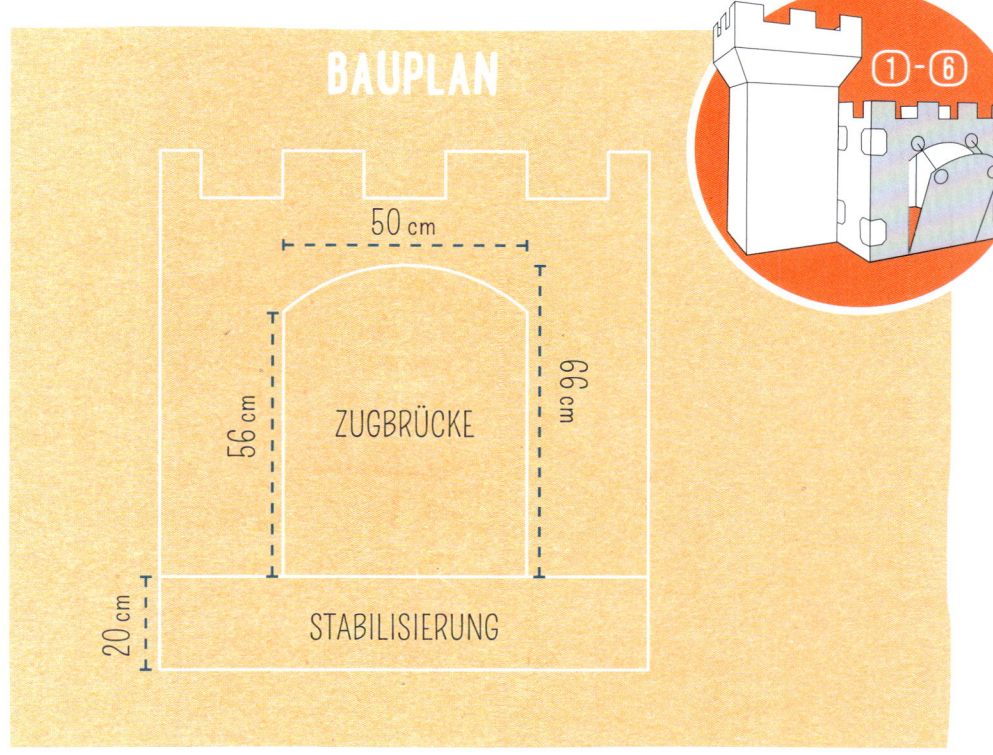

BAUPLAN

50 cm

56 cm

66 cm

ZUGBRÜCKE

20 cm

STABILISIERUNG

①–⑥

Damit jeder weiß, wer in der Burg haust, muss ein Wappen her.

Wenn Angreifer kommen oder deine Eltern mal wieder nerven, lässt sich das Tor ganz schnell hochziehen.

Aber am schönsten ist es natürlich, wenn das Tor weit geöffnet ist und dich deine Freunde besuchen kommen können.

GRUNDAUSTATTUNG FÜR ECHTE RITTERINNEN UND RITTER

Wer wohnt alles in einer Burg? Und was braucht man als wasch-echter Ritter? Während wir darüber nachdachten, kam Anaïs auf eine Sache zu sprechen, die ihr bei den Mittelalterfesten, die wir besucht hatten, aufgefallen war: An den Spielzeugständen gab es unzählige Waffen und tolle Rüstungen für die Jungs – und für die Mädchen: rosa Haarbänder und Schleier. Von Ritterinnen hatte dort wohl noch nie jemand was gehört. Darum stellen wir sie dir hier vor: die verwegene Ritterin Anaïs!

Mit Helm und Schwert ausgerüstet, kannst du deine Burg gegen alle Feinde verteidigen.

KRONE

Damit jeder weiß, wer in deiner Burg das Sagen hat, brauchst du natürlich eine Krone!

Auf geht's!

1 Miss zunächst deinen Kopfumfang, damit du weißt, wie lang der Pappstreifen für deine Krone sein muss.

2 Übertrage die Länge auf eine Pappe und zeichne ein etwa 15 cm hohes Rechteck vor. Teile das Rechteck mit Bleistift-linien in zehn etwa gleich große Felder (siehe Bauplan). Die Linien dienen dir als Orientierung, wo du die Zacken heraus-schneiden musst.

3 Schneide die Zacken vorsichtig heraus. Am besten verwen-dest du dafür einen Sicherheitscutter.

4 Falze die Krone entlang der gestrichelten Linien, lege sie dir um den Kopf und klebe sie mit Papierklebeband zusammen.

5 Nun kannst du deine Krone noch nach deinen Wünschen bemalen und dekorieren.

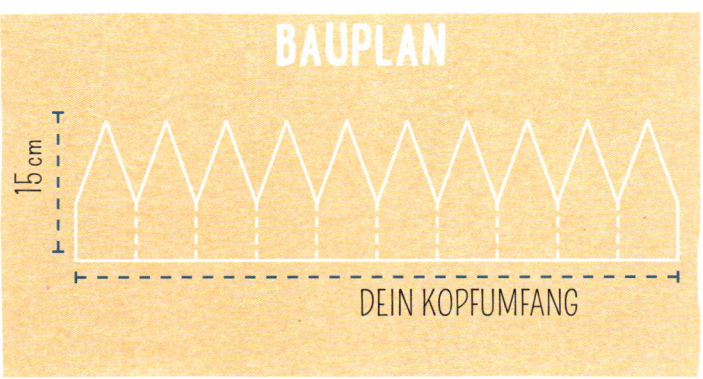

BAUPLAN

15 cm

DEIN KOPFUMFANG

Wir haben unsere Krone ganz prunkvoll mit Papp-diamanten geschmückt.

SCHILD

Der Schild ist ja so etwas wie die Visitenkarte des Ritters. Er zeigt, wer einem gegenübersteht. Früher schmückte den Schild das Wappen seines Trägers. Du allein bestimmst, was der Schild über dich erzählen soll.

Auf geht's!

1 Schneide ein Pappstück aus, das dein Schild werden soll. Welche Form und welche Größe er hat, entscheidest du. Unsere Schilde sind ungefähr 30 cm breit und 40 cm hoch.

2 Schneide einen etwa 30 cm langen und 5 cm breiten Pappstreifen aus und falze ihn an den gestrichelten Linien. So lässt er sich knicken und als Griff an die Rückseite deines Schilds kleben oder mit Kabelbindern befestigen.

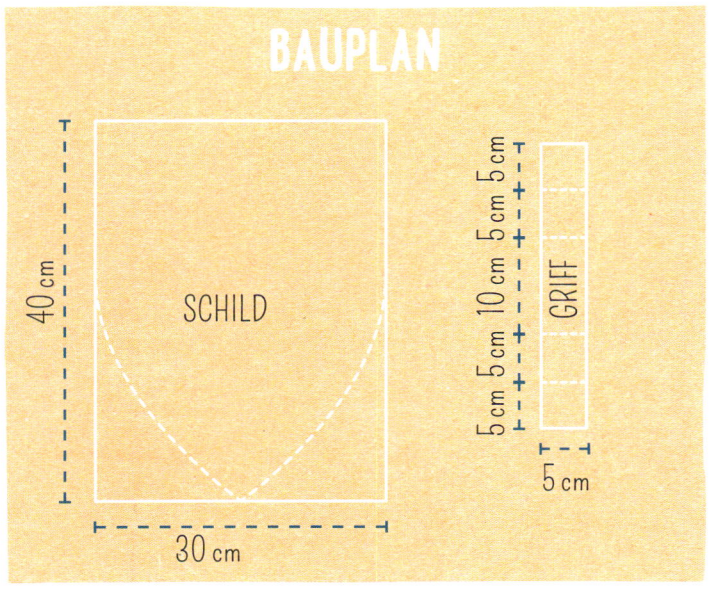

Dieser Schild läuft nach unten spitz zusammen und zeigt das Wappen des grimmigen Drachen.

Hier wird nur mit zwei Farben und mit ausgedachten Formen gearbeitet.

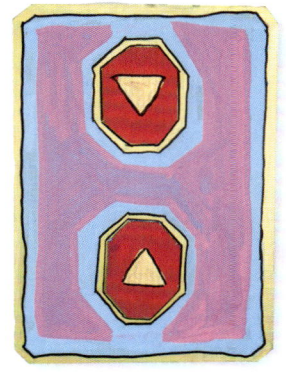

Es gibt aber auch rechteckige Schilde. Mit tollen Mustern verziert machen sie ganz schön Eindruck.

Den Griff musst du gut am Schild befestigen, entweder mit Heißkleber oder mithilfe von Kabelbindern.

HELM

Wer gefährliche Abenteuer bestehen muss, braucht einen guten Kopfschutz.

Auf geht's!

1 Der Helm besteht aus einer Pappscheibe, an die ein gerollter Streifen Wellpappe geklebt wird. Damit die Pappscheibe eine gleichmäßige Form bekommt, bastelst du dir zunächst eine Schablone: Falte ein A4-Blatt der Länge nach in der Mitte, zeichne ein etwa 9 cm breites und 20 cm langes Halboval auf und schneide es aus (siehe Skizze). Wenn du das Blatt wieder aufklappst, erhältst du ein Oval. Dieses überträgst du nun auf ein Stück Pappe und schneidest es aus.

2 Als Nächstes brauchst du einen mindestens 60 cm langen und etwa 18 cm breiten Streifen Wellpappe. Rolle den Streifen parallel zur Wellung und bringe ihn so in Form.

3 Lege den Streifen einmal um die Pappscheibe und markiere die Stelle, an der sich Anfang und Ende des Streifens überlappen.

4 Schneide das überstehende Ende des Pappstreifens ab.

💡 TIPP

Ein Helm mit den hier vorgeschlagenen Abmessungen passt den meisten Kindern von sechs bis neun Jahren. Bei Bedarf die Maße einfach anpassen. Der Helm soll ja gut sitzen!

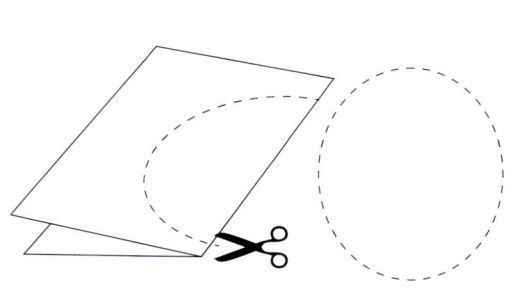

5 Klebe einen Klebestreifen zur Hälfte auf den Pappstreifen und schneide den überstehenden Rand in regelmäßigen Abständen ein.

6 Nun klebst du den eingeschnittenen Klebestreifen Stück für Stück an die Pappscheibe, sodass ein Pappring entsteht.

7 Klebe weitere Klebestreifen an Pappscheibe und Pappring, bis beide Teile richtig gut verbunden sind.

8 Verbinde Anfang und Ende des Papprings mit Klebeband.

9 Nun ist die Grundform für deinen Helm fertig.

10 Überlege dir, wie dein Visier aussehen soll, schneide es aus und male deinen Helm an.

Wenn du magst, kannst du deinen Helm passend zu deinem Schild anmalen.

SCHWERT

Wer gegen Drachen kämpfen will, um den Prinzen oder die Prinzessin zu befreien, muss auf sein Schwert zählen können.

Auf geht's!

1 Am besten machst du erst mal ein paar Entwürfe auf einem Blatt Papier, um herauszufinden, wie dein Schwert am Ende aussehen soll.

2 Zeichne dann die Umrisse deines Schwerts auf ein Stück Pappe und schneide es aus. Damit das Schwert nicht knickt, sollte die Pappe möglichst stabil sein, am besten 6 mm stark. Achte auch darauf, dass die Wellen längs zur Klinge verlaufen.

3 Wenn du Lust hast, kannst du auch mehrere Pappschichten übereinanderkleben, zum Beispiel am Griff (siehe Skizze unten). Das sieht nicht nur schicker aus, sondern sorgt auch dafür, dass du dein Schwert besser halten kannst.

4 Jetzt kannst du dein Schwert nach Belieben bemalen und verzieren.

💡 TIPP

Du kannst natürlich noch viel mehr bauen als nur Waffen! Was hältst du zum Beispiel von einem Pappzepter für die Herrscherin oder den König?

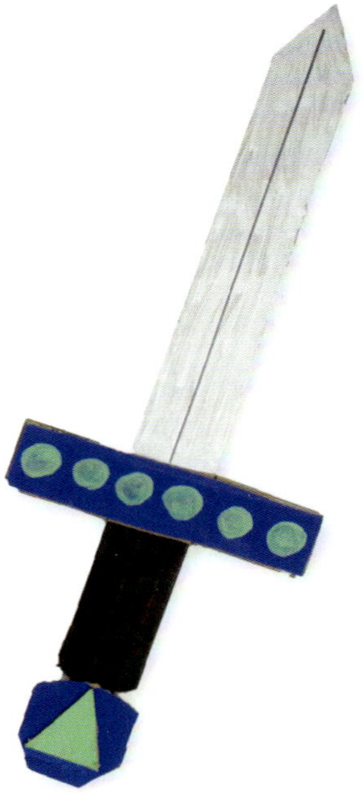

Je mehr Schichten dein Schwert aufweist, desto stabiler ist es.

TIERISCHE BEGLEITER

Nichts geht über einen treuen Freund und Begleiter. Wie wäre
es mit einem edlen Ross, einem drolligen Pony oder gar einem
Drachen als Reittier?

Auf geht's!

1 Um ein Steckentier zu bauen, zeichne zunächst die Kopfform
deines Wunschtiers auf eine Pappe und schneide sie aus.

2 Lege die Pappe auf eine zweite Pappe, übertrage die Form
und schneide auch die zweite Pappe aus.

3 Klebe beide Kopfhälften am oberen Rand mit Heißkleber
zusammen.

4 Schiebe nun einen Stecken zwischen die beiden Kopfhälften.
Klebe die Kopfhälften links und rechts vom Stecken zusammen. Wenn nötig, kannst du die Kopfhälften mit einem Kabelbinder am Stecken befestigen.

5 Nun kannst du den Kopf gestalten: Du kannst Ohren oder
Hörner, gefährliche Fangzähne oder Wackelaugen ankleben.
Am besten klebst du mit Heißkleber; große Ohren lassen
sich auch gut mit Kabelbindern anbringen.

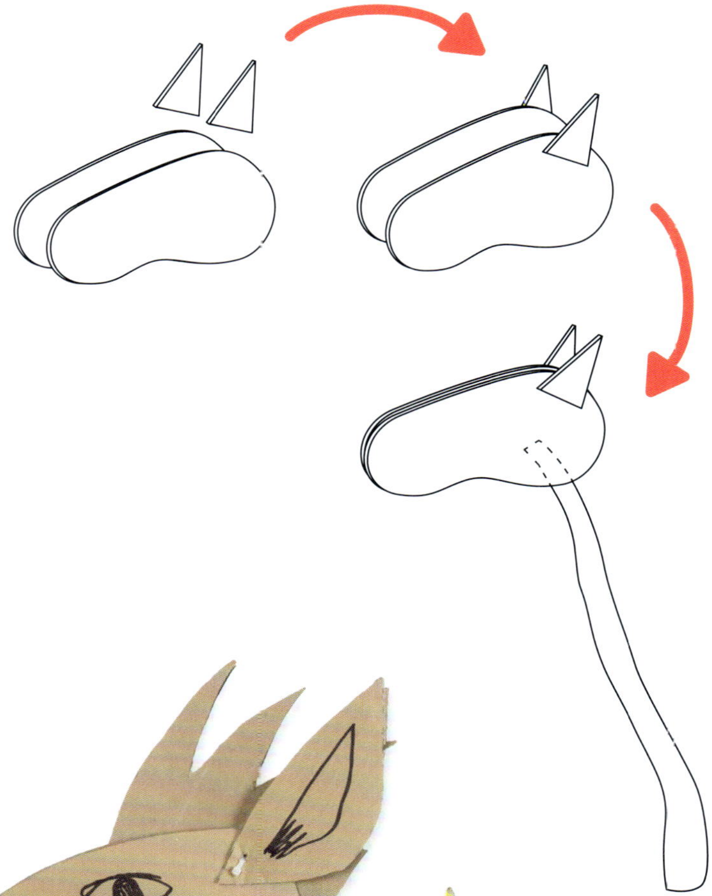

Oder wie wäre es, wenn beim
Ausritt noch ein stolzer Falke
auf deiner Faust sitzt?

SCHIFFE

Schiff ahoi! Werde zum Kapitän, kreuze durch gefährliche Stürme, bezwinge schaurige Seeungeheuer und entdecke neues Land!

MOTORBOOT

Wenn du es besonders eilig hast, nimm doch einfach das Motorboot.
Es ist schnell, wendig und bietet trotzdem genügend Platz für
Passagiere, Proviant und Mitbringsel.

DU BRAUCHST:

(Doppel-)Wellpappe,
5–7 mm Stärke

einwellige Wellpappe,
3–5 mm Stärke

Pappröhren
und Pappkartons

Zollstock, Lineal,
Geodreieck

Sicherheitscutter
oder Messer

Klebeband

Abtönfarbe, Pinsel, Stifte

Auf geht's!

1 Übertrage alle Formen für das Grundmodell gemäß dem Bauplan auf Pappen und schneide sie aus.

2 Lege alle Pappteile mit der Innenseite nach oben auf den Boden und verbinde sie, wie in der Skizze unten dargestellt, mit Klebeband.

3 Stelle Seite 1 und das Heck auf und klebe beide Teile an der Außenkante mit Klebeband zusammen.

4 Stelle Seite 2 auf und klebe sie ebenfalls ans Heck.

5 Klebe anschließend die drei Bug-Teile an den Außenkanten zusammen.

6 Drehe das Boot um und versiegele alle noch offenen Ecken mit Klebeband.

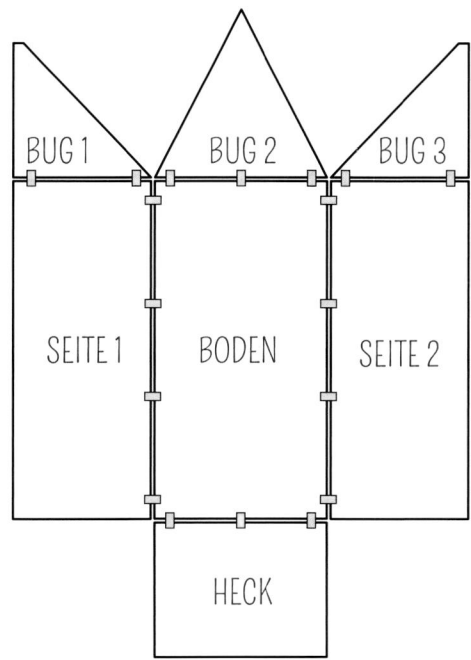

BUG 1
BUG 2
BUG 3
SEITE 1
BODEN
SEITE 2
HECK

BAUPLAN

①-⑥

3 cm
40 cm
BUG 1
40 cm
50 cm
BUG 2
50 cm
3 cm
40 cm
BUG 3
40 cm
100 cm
SEITE 1
BODEN
SEITE 2
40 cm
50 cm
40 cm
40 cm
HECK
50 cm

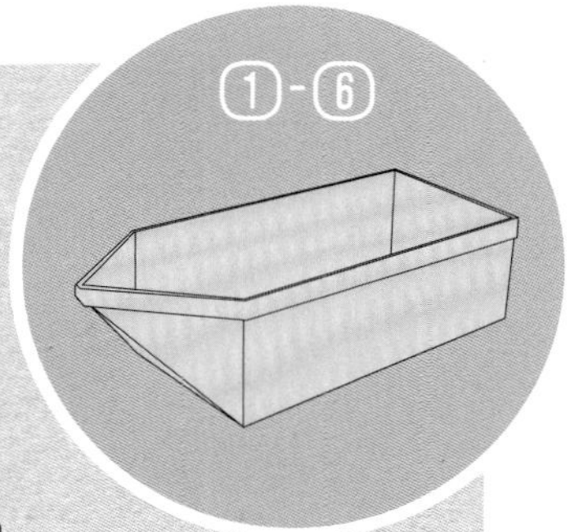

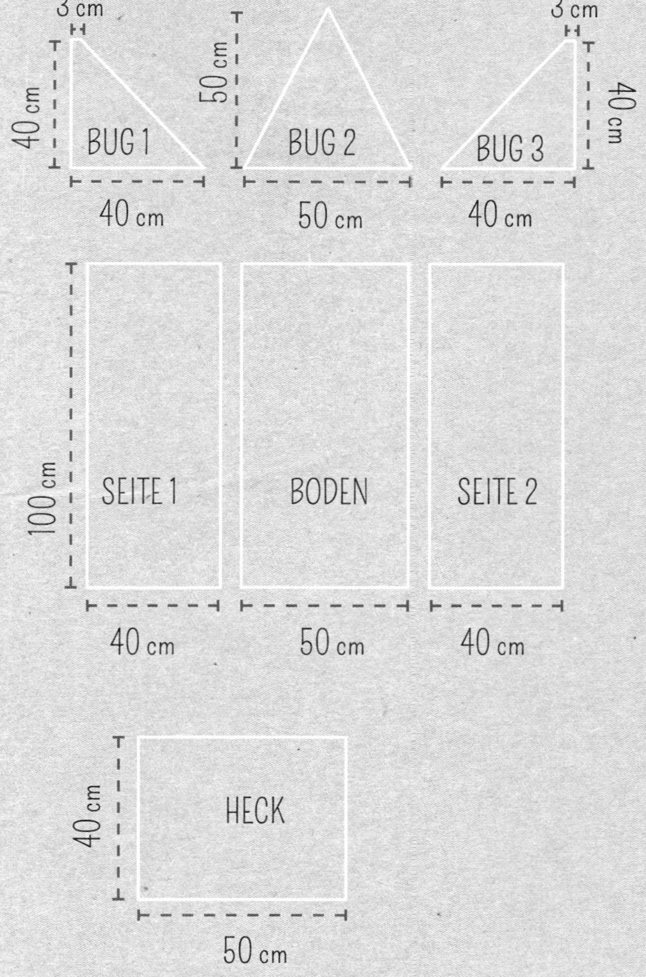

7 Übertrage die Form der Sitzbank auf eine Pappe und schneide sie aus.

8 Falze sie entlang der gestrichelten Linien, knicke sie in Form und klebe sie mit Klebestreifen ins Boot.

9 Unser Außenbordmotor besteht aus zwei Pappröhren und einer Pappkartonschachtel (siehe Bauplan rechts).

10 Um die Pappröhren mitder Schachtel zu verbinden, schneidest du an den entsprechenden Stellen Löcher in den Karton. Hier kommt es nicht darauf an, dass die Löcher ganz rund sind, sie müssen nur etwas kleiner als die Röhren sein. Dann kannst du die Röhren einfach in die Löcher stecken. Befestige sie anschließend noch mit Klebeband.

11 Um den Außenbordmotor mit dem Boot zu verbinden, schneidest du einfach eine weitere Pappröhre ein und klebst die geschlossene Seite mit doppelseitigem Klebeband unten an den Motor. So entsteht eine Art Klammer, mit der du den Motor an die Bootswand stecken kannst.

 **TIPP**

Pappröhren gibt's in jedem Haushalt. Du kannst zum Beispiel Pappröhren von Alu- oder Frischhaltefolie verwenden.

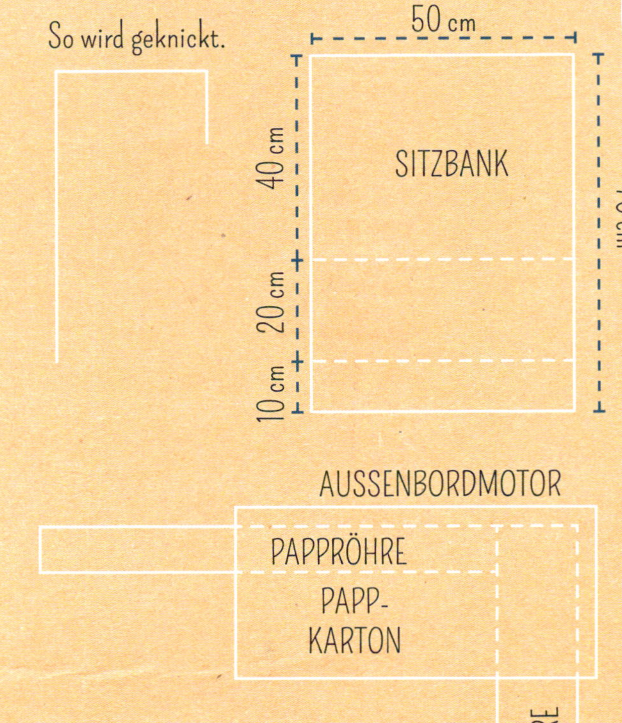

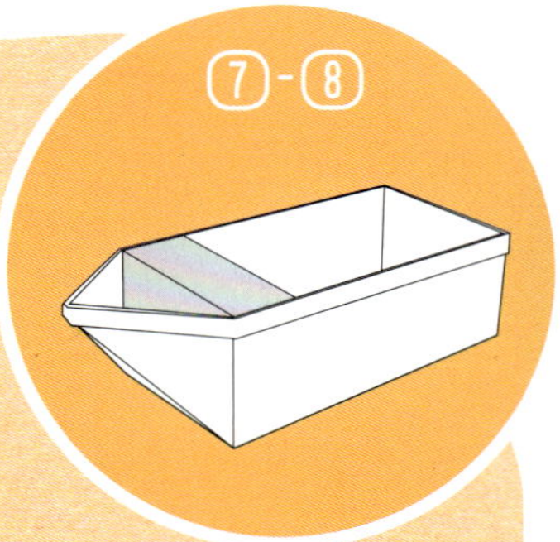

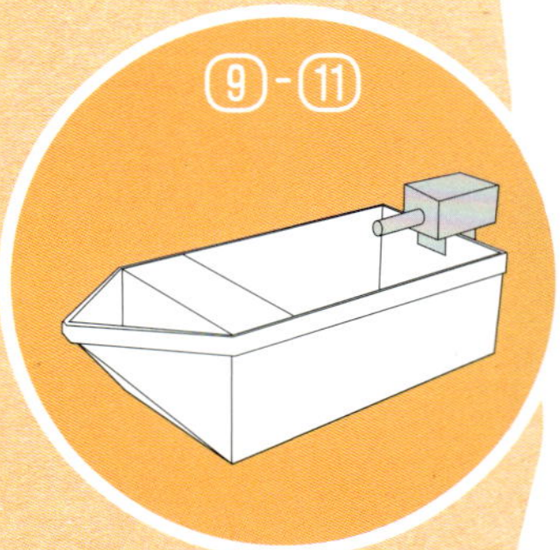

Je nachdem, welche Materialien du zur Verfügung hast, kannst du deinen eigenen Außenbordmotor entwerfen.

BAUPLAN

So wird geknickt.

50 cm

40 cm

SITZBANK

70 cm

20 cm

10 cm

AUSSENBORDMOTOR

PAPPRÖHRE

PAPP-KARTON

PAPPRÖHRE

MANUFACTURED BY SAMLIP GENERAL FOODS CO.

Wer in stürmischen Gewässern unterwegs ist, braucht natürlich auch einen Anker!

SEGELBOOT

Wenn du es lieber gemütlich angehen lässt, empfehlen wir eine Fahrt mit dem Segelboot.

DU BRAUCHST:

(Doppel-)Wellpappe, 5–7 mm Stärke

einwellige Wellpappe, 3–5 mm Stärke

vier Obstkisten (hier: 30 × 40 cm Grundfläche)

Zollstock, Lineal, Geodreieck, Zirkel

Sicherheitscutter oder Messer

Klebeband

Heißkleber oder doppelseitiges Klebeband

Kabelbinder

Schraubenzieher (zum Löcher-Bohren)

Besenstiel (mit Loch)

langen, geraden Stock

Seil

Stoff (für das Segel)

Wäscheklammern

Abtönfarbe, Pinsel, Stifte

Auf geht's!

1 Stelle vier Obstkisten mit der langen Seite nebeneinander und klebe sie mit Klebeband zusammen. Je nachdem, ob sie dir als Sitzbank oder Ablage dienen sollen, zeigt die offene Seite der Kiste nach oben oder unten.

2 Übertrage die beiden Seitenteile, das Heck und den Streifen zur Stabilisierung auf dicke Wellpappen und schneide alles zu. Achte darauf, dass die Wellen bei den Seitenteilen quer zur Länge verlaufen. Falls dein Segelboot Bullaugen haben soll, zeichne sie mit einem Zirkel an den Seiten an und schneide sie aus. Damit sich die Seitenenden später besser zu einem Bug formen lassen, ritze die Wellen im Bugbereich gleichmäßig an.

3 Klebe die Seitenteile mit Heißkleber auf die Kisten.

4 Klebe das Heck und die Stabilisierung mit Klebeband an die Seitenteile.

5 Übertrage die Bugspitze zweimal auf Pappe, schneide sie aus und falze sie an der gestrichelten Linie.

6 Klebe die beiden Bugspitzen-Teile an der Vorderseite, also bis zum Falz, mit Heißkleber aneinander.

7 Nun verbindest du die aufgeklappten Hälften der Bugspitze mit den Seitenteilen des Boots zu einem Bug.

8 Um die Lücke am Boden im Bugbereich zu schließen, stelle das Boot auf eine Pappe und übertrage die Form der Öffnung auf die Pappe. Schneide sie aus und klebe sie mit Klebestreifen als Bugboden unter das Boot.

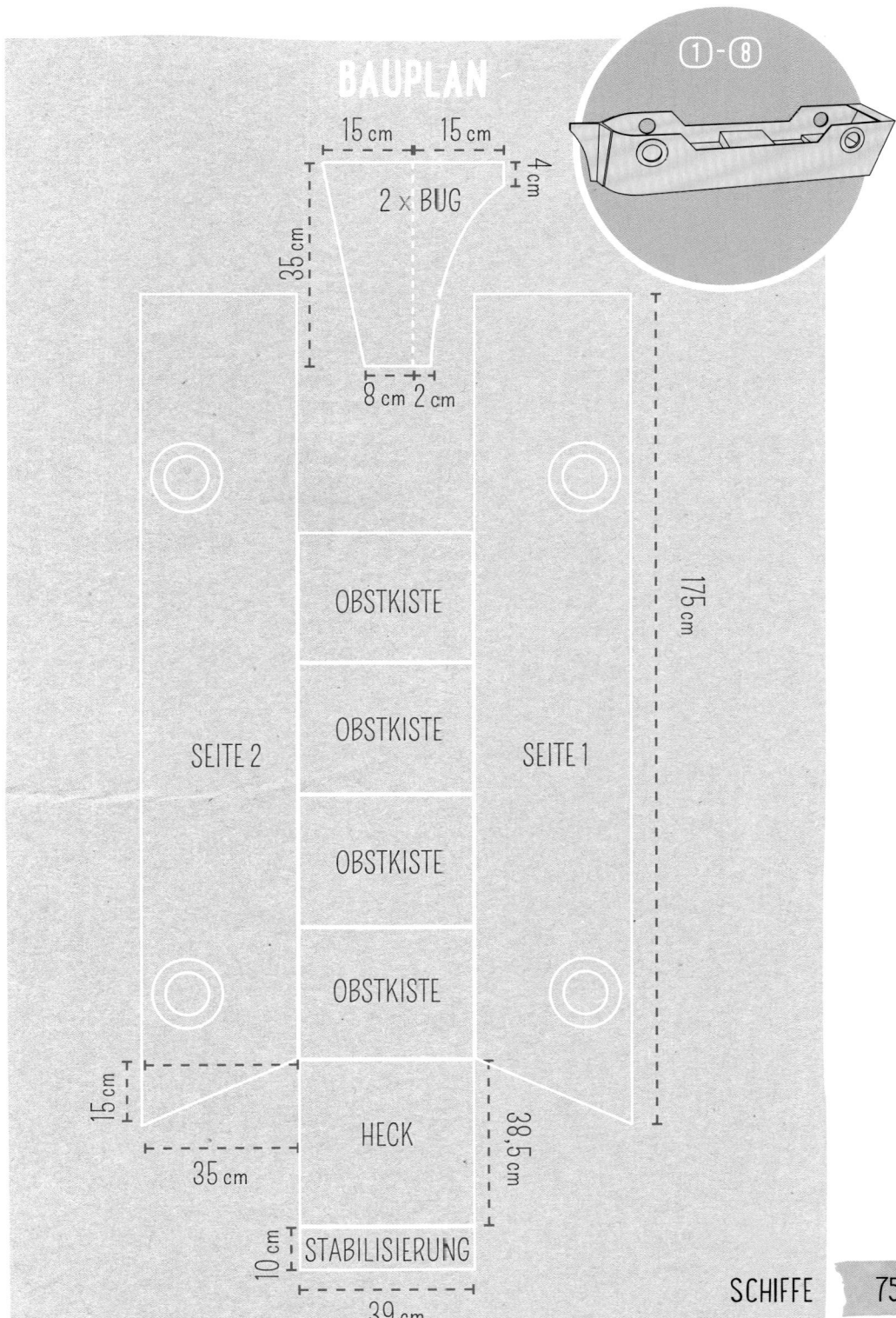

BAUPLAN

15 cm   15 cm

2 x BUG

35 cm

4 cm

8 cm   2 cm

175 cm

OBSTKISTE

OBSTKISTE

SEITE 2   SEITE 1

OBSTKISTE

OBSTKISTE

15 cm

35 cm

38,5 cm

HECK

10 cm

STABILISIERUNG

39 cm

9 Als Mast dient ein Besenstiel mit Loch oben. In das Loch kann man dann ein Stöckchen stecken, über das die Seile gespannt werden (siehe Foto 9A). Als Halterung für den Mast werden an die vordere Obstkiste mit Kabelbindern zwei aneinandergeklebte Pappstücke angebracht (siehe Bild 9B und C).

10 Um die Seile für den Mast festziehen zu können, brauchst du noch zwei Seilspanner. Für diese klebst du jeweils zwei Papstreifen zusammen und machst in gleichmäßigen Abständen drei Löcher hinein. Wie das Seil eingefädelt wird, siehst du auf der Skizze und Bild 10.

11 Der Mast wird mit einem Seil am Bug befestigt (siehe Bild 11) und mit einem zweiten Seil zwischen den Seitenwänden stabilisiert.

12 Um das Segel spannen zu können, brauchst du noch einen sogenannten „Großbaum". Das kann zum Beispiel ein Stock sein, der ein wenig kürzer ist als der Rumpf. Er wird mit Kabelbindern am Mast befestigt (siehe Bild 12A). Ein weiteres Seil verbindet die Mastspitze und das Ende des Großbaums (siehe Bild 12B).

13 Das Segel kannst du mit Wäscheklammern befestigen (siehe Bild 13).

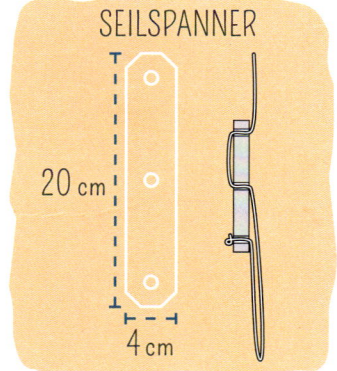

SEILSPANNER

20 cm

4 cm

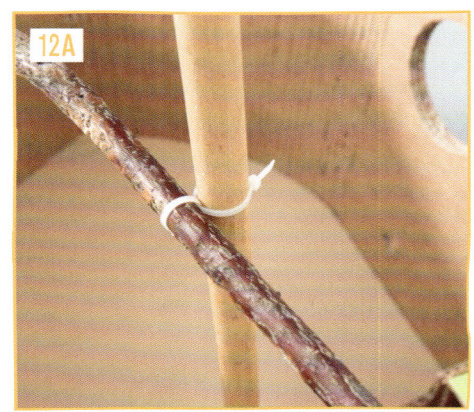

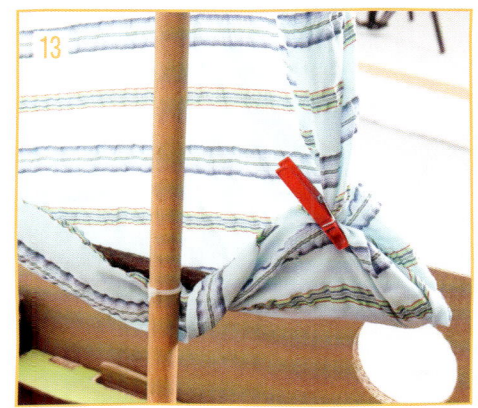

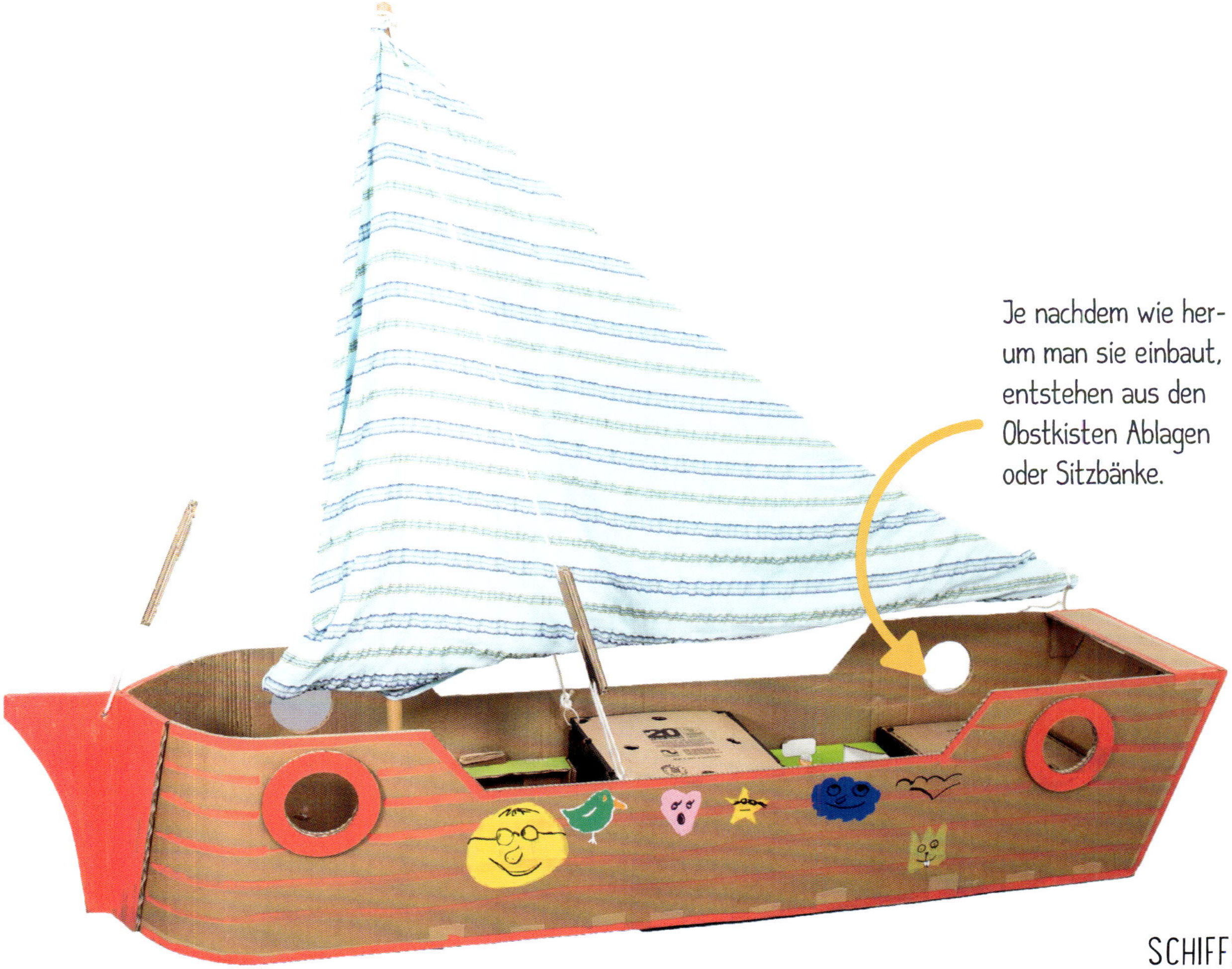

Je nachdem wie herum man sie einbaut, entstehen aus den Obstkisten Ablagen oder Sitzbänke.

ANGEL

Um auf großer Fahrt nicht zu verhungern, musst du Fische fangen, denn von Zwieback allein wird kein tüchtiger Matrose satt.

Auf geht's!

1   Übertrage die Form des Schwimmers gemäß dem Bauplan auf dünne Wellpappe und schneide sie aus. Achte darauf, dass die Wellen parallel zu der 10 cm breiten Seite verlaufen.

2   Rolle die Pappe eng vor, rolle sie wieder auf und klebe sie mit der breiteren Seite zuerst auf das Stöckchen. Wickle den Rest der Pappe eng um das Stöckchen und umklebe sie an der oberen Seite mit einem Klebestreifen.

3   Male den Schwimmer bunt an und befestige ihn an der Kordel, indem du Kabelbinder oben und unten um das Stöckchen und die Kordel ziehst.

4   Suche dir einen Stock als Angelrute und befestige die Kordel gut daran.

5   Schneide aus Pappe einen Angelhaken mit Loch aus, klebe einen starken Magnet darauf und knote den Haken ans Ende der Kordel.

DU BRAUCHST:

dünne Wellpappe

1 dünnes, ca. 20 cm langes Stöckchen

Messer oder Sicherheitscutter

Klebeband und Alleskleber

1 langen Stock (als Angelrute)

Kordel

2 Kabelbinder

Unterlegscheiben

Magnet

Jetzt bastelst du jede Menge Pappfische. Wenn du sie ausgeschnitten und bunt angemalt hast, klebst du mit Klebestreifen die Unterlegscheiben an ihre Mäuler.

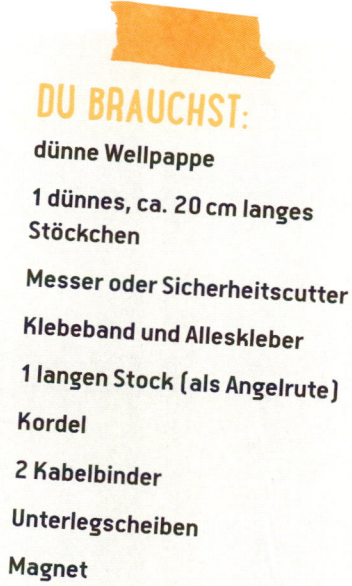

SCHWIMMER

14 cm

10 cm   3 cm

3 cm

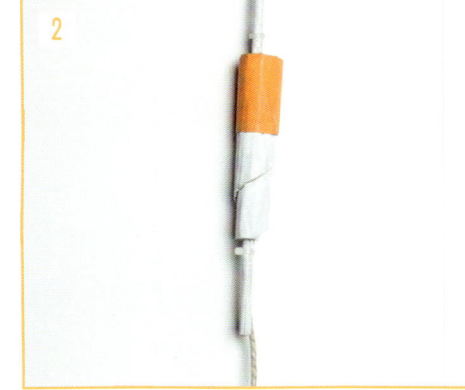

2

5

FERNROHR

Ohne ein Fernrohr wäre jeder Seemann verloren.

Auf geht's!

1 Schneide aus dünner Wellpappe ein etwa 30 × 60 cm großes Rechteck aus. Achte darauf, dass die Wellen der Pappe parallel zur kürzeren Seite verlaufen. Rolle das Pappstück eng auf und wieder auseinander.

2 Schneide für die dünnste Röhre des Fernrohrs entlang der Wellen etwa 10 cm von dem rechteckigen Pappstück ab, rolle es zu einer Röhre und klebe es mit Klebeband zusammen.

3 Rolle um die dünnste Röhre eine weitere Lage aus deinem Pappstück, deren Breite sich an der Breite der ersten orientiert, und schneide sie so zu, dass sie (zusammengeklebt) einen guten Durchmesser hat, um sich auf der dünnsten Röhre verschieben zu lassen. Klebe auch die zweite Röhre zusammen. Die dritte und dickste Röhre bastelst du nach demselben Prinzip.

4 Nun hast du ein dreiteiliges Fernrohr, welches sich ganz leicht auf- und zusammenschieben lässt.

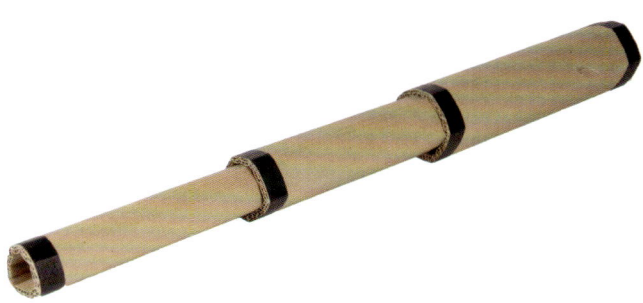

RAUMFAHRT

Schwerelosigkeit, außerirdisches Leben und die endlose schwarze Weite …
Ob sie wirklich endlos ist, solltest du schleunigst herausfinden! Mach dich
bereit für eine Reise in die nächste Dimension!

RAKETE

Um in den Weltraum zu gelangen, brauchst du ein extrastarkes Transportmittel. Wir empfehlen diese Rakete!

DU BRAUCHST:

(Doppel-)Wellpappe, 5–7 mm Stärke

Seil oder Kordel

Zollstock, Lineal, Geodreieck, Zirkel

Sicherheitscutter oder Messer

Klebeband

Heißkleber oder doppelseitiges Klebeband

Abtönfarbe, Pinsel, Stifte

Kabelbinder

Schraubenzieher (zum Löcher-Bohren)

Auf geht's!

1 Übertrage die Formen von Spitze, Mittelteil und Boden jeweils einmal auf eine Pappe und schneide sie aus. Die ausgeschnittenen Teile kannst du nun als Schablone für die übrigen Teile verwenden, denn du brauchst jedes Bauteil insgesamt fünfmal.

2 Am Praktischsten ist es, wenn du die Fenster und die Form für die Einstiegsluke (siehe Seite 86) aufzeichnest und aus- bzw. einschneidest, bevor du die Bauteile zusammenklebst. Achtung! Die Luke darf nicht komplett aus der Rakete herausgeschnitten werden, sondern muss an der Oberseite noch durch einen Falz mit der Rakete verbunden sein. Der Falz sorgt dafür, dass sich die Luke gut bewegen lässt.

3 Lege nun alle Mittelteile mit der Innenseite nach oben nebeneinander und klebe sie mit Klebeband zusammen, wie in der Skizze unten dargestellt. Klebe anschließend die Enden zusammen.

4 Als Nächstes klebst du mit Klebeband die Bodenteile an die Mittelteile, danach klebst du die Bodenteile zusammen.

5 Nun klebst du die Teile der Spitze mit Klebeband zusammen und klebst sie auf die oberen Kanten der Rakete.

6 Zum Abschluss kannst du die Kanten zwischen den Bauteilen noch einmal mit Klebeband versiegeln. So sehen sie sauberer aus.

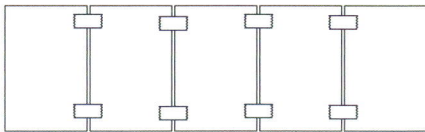

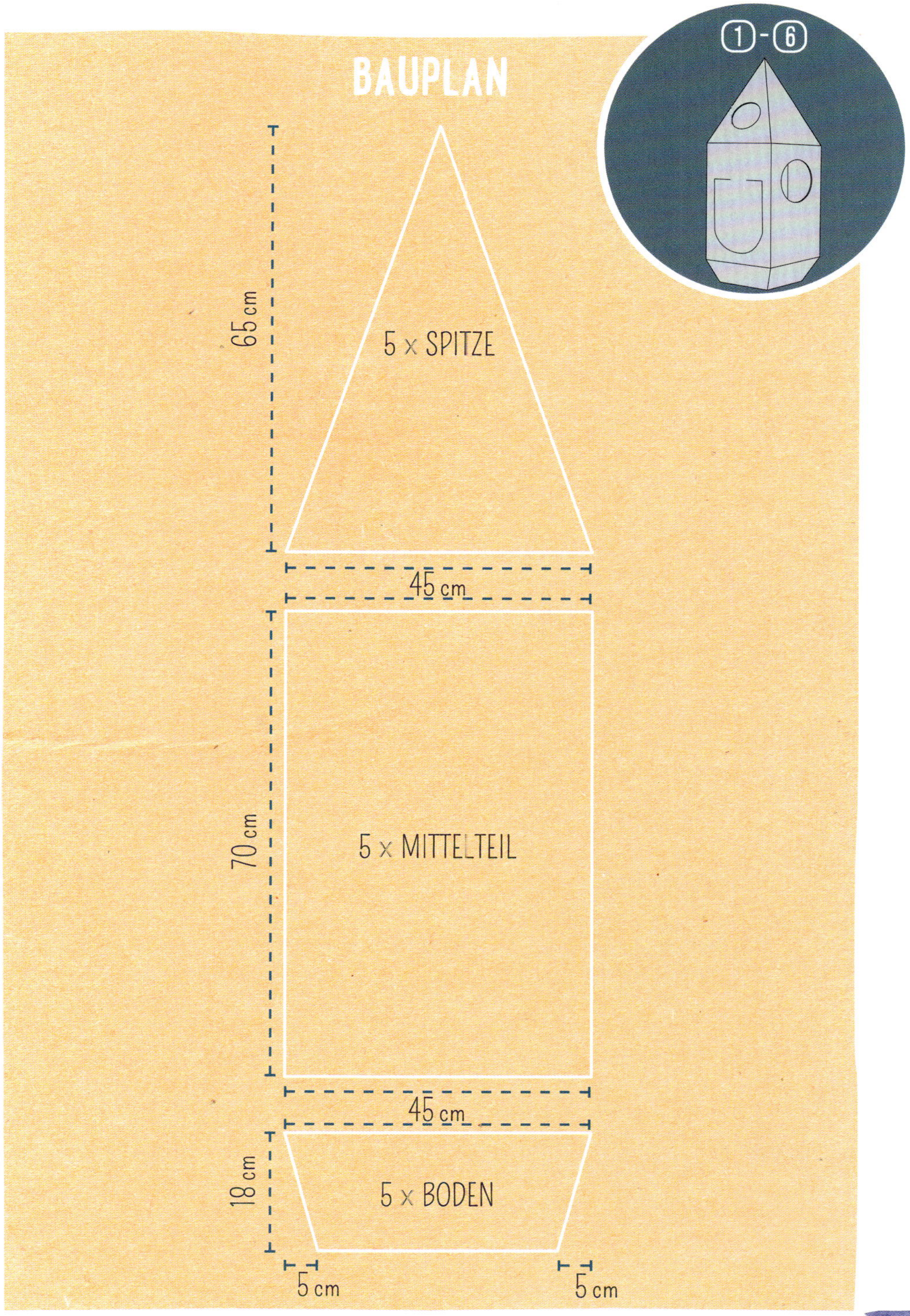

BAUPLAN

① - ⑥

65 cm

5 x SPITZE

45 cm

70 cm

5 x MITTELTEIL

45 cm

18 cm

5 x BODEN

5 cm   5 cm

EINSTIEGSLUKE MIT SEILZUG

Die Einstiegsluke der Rakete lässt sich von innen mit einem Seilzug öffnen. Das ist wichtig, wenn man auf einem unbekannten Planeten landet!

Auf geht's!

1 Bohre ein Loch in die Klappe der Einstiegsluke und ein zweites Loch über die Einstiegsluke ins Dachteil.

2 Damit die Führungen für den Seilzug stabiler sind und nicht ausreißen, verstärke die Löcher außen zusätzlich mit Pappscheiben, in die du zuvor ebenfalls ein Loch gebohrt hast.

3 Führe nun ein Seil oder eine Kordel von innen nach außen durch das untere Loch und fixiere es innen mit einem Knoten. Dann führst du es durch das obere Loch ins Innere der Rakete und knotest das Ende des Seils oder der Kordel zu einer Schlaufe.

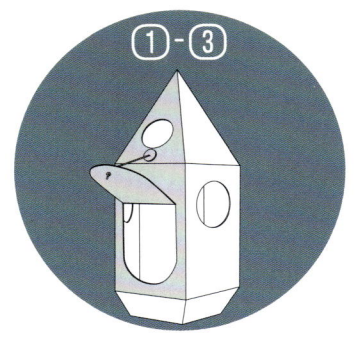

Wenn du magst, kannst du die Luke noch mit kleinen bemalten Pappteilen verzieren.

Mit dem Seil kannst du die Luke ganz leicht öffnen und schließen.

Verstärke die Löcher mit einer Pappscheibe. Dann ist die Luke stabil und du bist vor allen Widrigkeiten des Weltalls sicher.

LEITWERK

Das Leitwerk der Rakete besteht aus gefalzten und zugeschnittenen Pappteilen (siehe Skizze unten) und wird mit Kabelbindern an der Rakete angebracht.

Das Leitwerk wird am unteren Teil der Rakete befestigt.

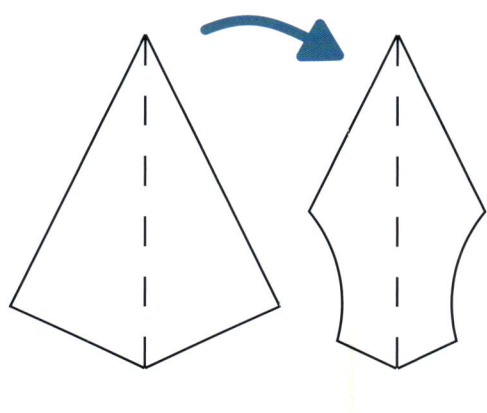

SCHRAUBEN UND UNTERLEGSCHEIBEN

Damit die Rakete noch realistischer aussieht, kannst du dir Schrauben und Unterlegscheiben aus Pappe bauen (siehe Skizze), sie nach deinen Wünschen anmalen und auf die Rakete kleben.

RAUMGLEITER

Erkunde die atemberaubende Mondlandschaft mit ihren riesigen Kratern
und irren Gesteinsformationen – am besten in einem Raumgleiter!

RAUMGLEITER BAUEN

Bei diesem Projekt ist es wenig sinnvoll, eine genaue Bauanleitung mit Maßen vorzugeben, weil Kartons so viele unterschiedliche Größen haben können. Da wäre es schon ein großer Zufall, wenn du Kartons in derselben Größe zu Hause hättest wie wir. Lass dich auf dieser und den folgenden Seiten einfach ein bisschen inspirieren und baue dir deinen ganz eigenen Raumgleiter mit allem, was dazugehört.

Es gibt verschiedene Möglichkeiten, Pappkartons neue Formen zu verpassen und sie miteinander zu verbinden. Die Kartons werden am besten mit Pappstücken verbunden. Andere Bauteile, die stabil miteinander verbunden werden müssen, befestigst du am besten mit Kabelbindern – zum Beispiel die Flügel, den Rumpf oder die Triebwerke.

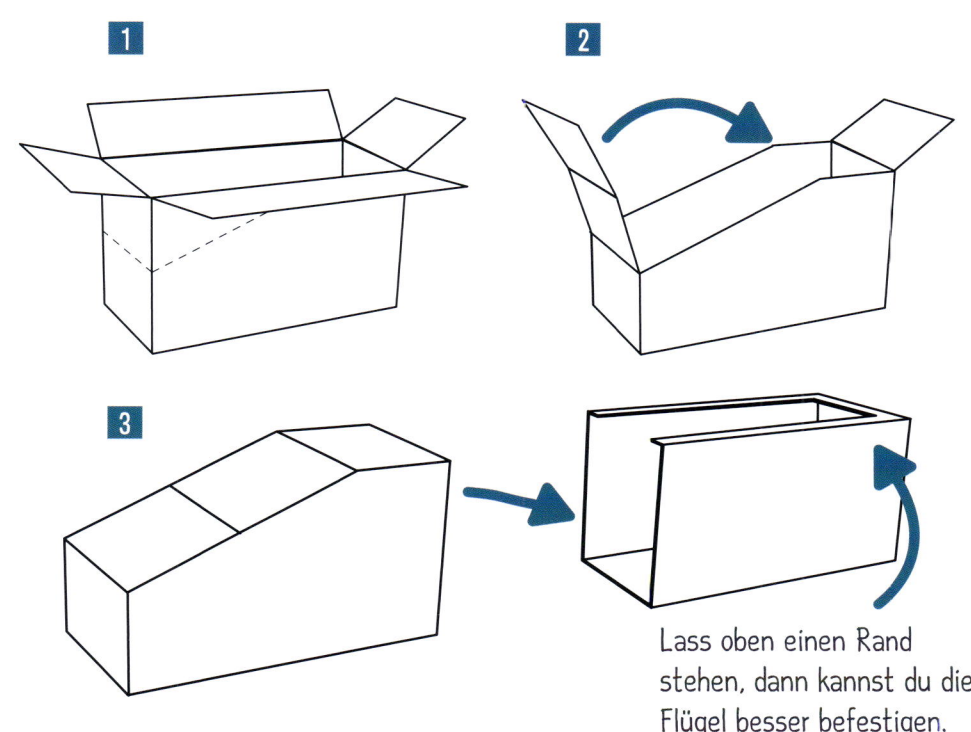

Lass oben einen Rand stehen, dann kannst du die Flügel besser befestigen.

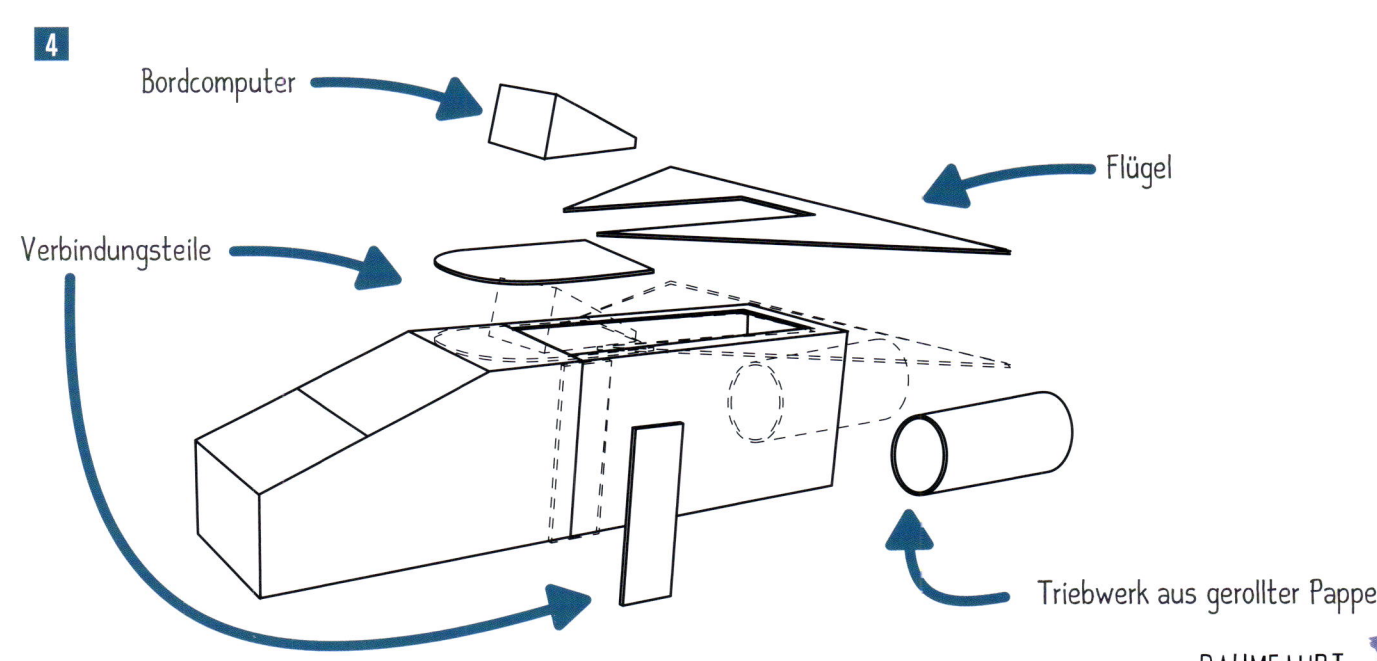

Bordcomputer

Flügel

Verbindungsteile

Triebwerk aus gerollter Pappe

FLAMMEN FÜR DIE DÜSEN

Meine Tochter Anaïs hatte die grandiose Idee zu diesen coolen Flammen zum Zusammenstecken. Sie sind ganz einfach herzustellen und sehen klasse aus.

Auf geht's!

1 Male eine Flamme auf ein Pappstück, schneide sie aus und verwende sie als Schablone, um eine zweite Flamme aufzuzeichnen und auszuschneiden.

2 Die erste Flamme bekommt einen Schlitz oben und die zweite Flamme einen Schlitz unten, damit du sie zusammenstecken kannst (siehe Skizzen rechts).

3 Wenn du die Flammen nun noch in eine Scheibe mit einem mittig eingeschnittenen Kreuz steckst, kannst du sie perfekt in ein Triebwerk einbauen.

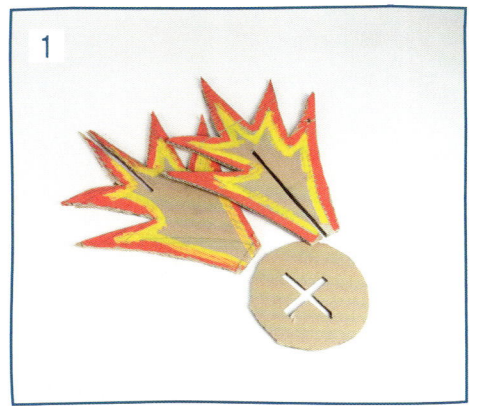

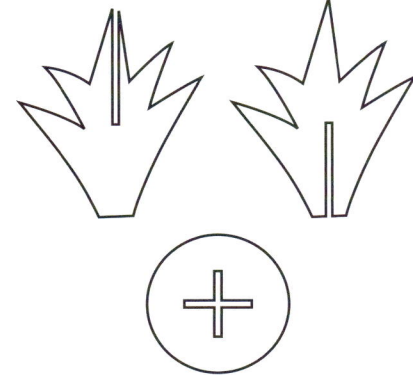

BORDCOMPUTER

Ohne einen vernünftigen Bordcomputer geht gar nichts! Und auch der lässt sich prima aus Pappe bauen.

Überlege dir, was dein Bordcomputer alles können muss, um dich an dein Ziel zu bringen, und welche Instrumente er dafür braucht – vielleicht einen Monitor mit Karte, einen Geschwindigkeitsmesser, eine Tankanzeige, eine Temperaturanzeige und ein Funkgerät? Aber bestimmt wirst du für deine große Expedition auch noch ganz neue Geräte erfinden. Wir sind gespannt, was dir so einfällt!

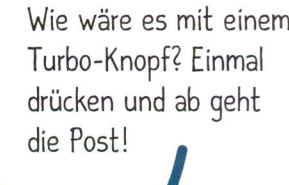

Wie wäre es mit einem Turbo-Knopf? Einmal drücken und ab geht die Post!

HELME

Hast du schon mal einen Raumfahrer ohne Helm gesehen? Na eben!

Hier zeigen wir dir zwei Möglichkeiten, wie du einen coolen Helm ganz nach deinen Wünschen bauen kannst. Die angegebenen Maße sind passend für Kinder im Alter von ungefähr zehn Jahren.

Übertrage die Formen auf Pappen und schneide sie zu. Klebe die Einzelteile entsprechend der jeweilgen Skizze mit Klebeband zusammen.

Überlege dir coole Muster für deinen Helm oder klebe bemalte Pappstücke auf.

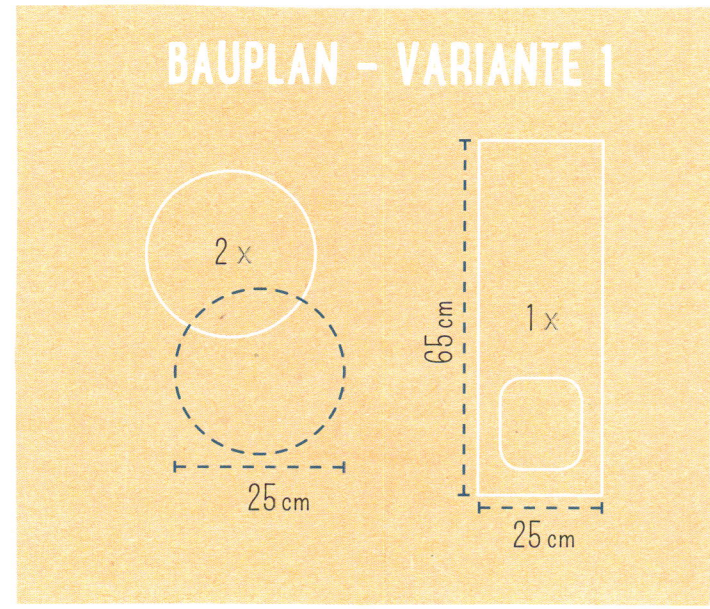

BAUPLAN – VARIANTE 1

2 x

1 x

65 cm

25 cm

25 cm

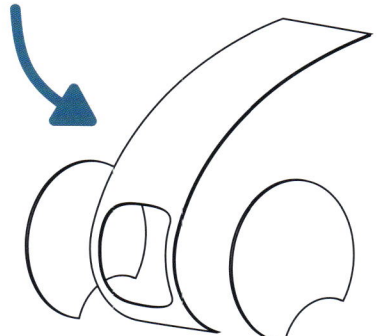

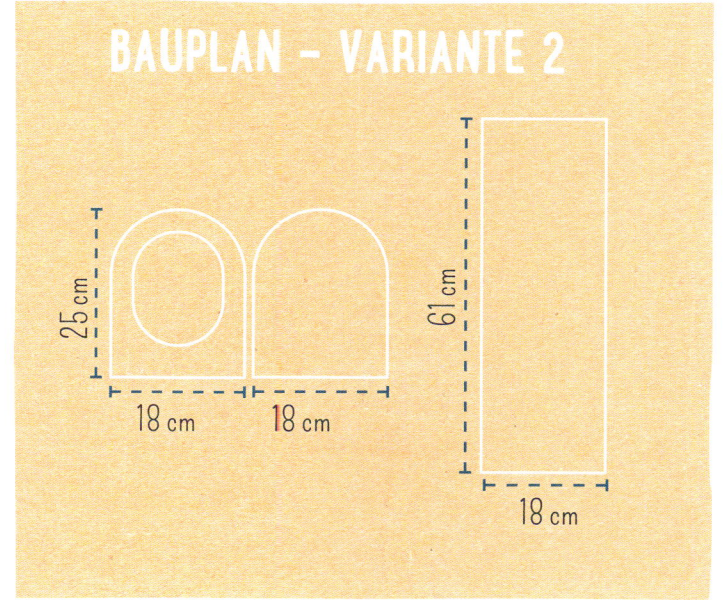

BAUPLAN – VARIANTE 2

25 cm

18 cm 18 cm

61 cm

18 cm

JETPACKS

Ein weiterer wichtiger Ausrüstungsgegen-
stand ist das Jetpack.

Bei der Konstruktion kannst du dich so
richtig austoben und alles ausprobieren,
was du in diesem Buch über das Basteln
mit Pappe gelernt hast. Du kannst einen
Schuhkarton als Basis verwenden oder dir
einen eigenen Karton bauen. Der Grundkörper kann natürlich auch aus gerollter
Wellpappe bestehen.

Wie du siehst, gibt es auch viele Möglichkeiten, sich das Jetpack umzuschnallen.
Die meisten Kinder, die bei unseren Bau-
nachmittagen dabei waren, haben einfach
Paketkordel verwendet. Du kannst dir aber
auch Riemen aus Pappe zurechtschneiden und sie mit Kabelbindern an deinem
Jetpack befestigen. Guten Flug!

Unbemalt und
galaktisch schön!

Dieses Jetpack hat
einklappbare Flügel.

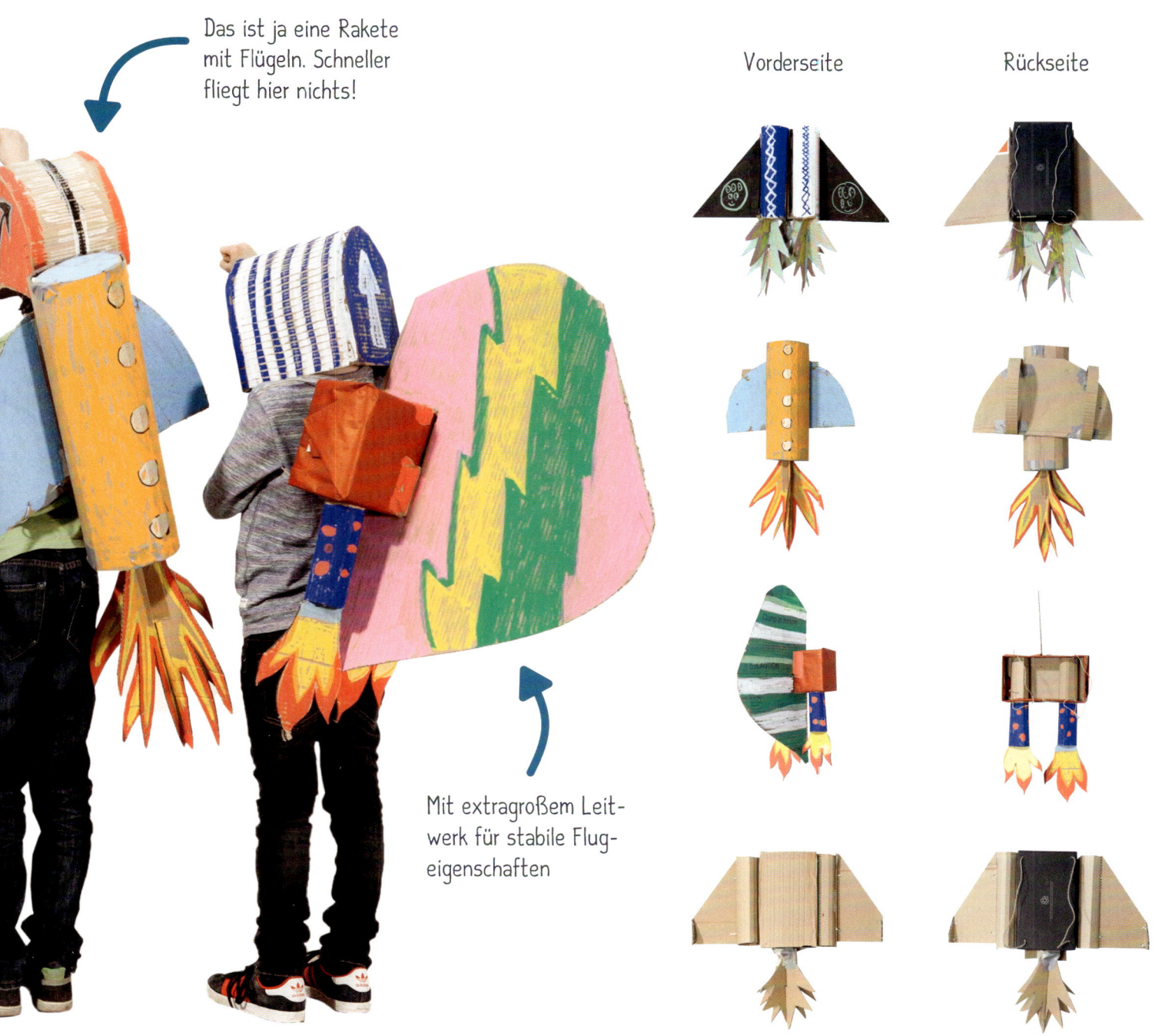

Das ist ja eine Rakete mit Flügeln. Schneller fliegt hier nichts!

Vorderseite

Rückseite

Mit extragroßem Leitwerk für stabile Flugeigenschaften

DIE AUTOREN

Dirk von Manteuffel, Produktgestalter, Diplomdesigner und Modellbauer, ist Papierenthusiast. Schon in seiner Kindheit hat er Papier nicht nur bemalt, sondern in eine dreidimensionale Form gebracht, sei es als Pop-up, als Objekt oder als Papiermechanik.

Anaïs ist Dirks zwölfjährige Tochter. Schon immer bastelt sie leidenschaftlich mit Pappe, Papier und Gegenständen, die andere wegwerfen würden. Sie ist eine Meisterin im Umgang mit dem Grafik-Cutter, Tierfreundin, Naturbeobachterin, Fußballerin, Capoeirista und Musikerin.

DANKSAGUNG

Der größte Dank geht an alle Kinder, die vor und hinter der Kamera bei den ganzen Bauevents mit coolen Ideen, einer riesigen Ausdauer und so viel Spaß dabei waren. Hey, Bela, Inka, Joaquin, Larissa, Lina, Lotte, Marius, Mika, Milla, Moritz, Till: Vielen Dank für eure Unterstützung! Ihr seid die Wucht und es war klasse, mit euch zu arbeiten!

Dann danken wir all unseren Freunden und Unterstützern. Ganz zu Beginn muss Sandra genannt werden, sonnenklar, und in willkürlicher Reihenfolge: Jeannette Petri, Cem & Adam von Nektar Design, Kirsten & Zuni von Zubinski, Amelie Persson, Jörg Mühle, Lukas Schmidt, Timo Lenzen & Jan Buchczik, die Basis Frankfurt, der Verlag Edition Michael Fischer natürlich und ihr ganzen anderen... big, big up!

Ein besonderer Dank geht an unsere Sponsoren, die uns großzügig mit Material ausgestattet haben: OLFA Cutter, POSCA coloring, tesa SE.

Weitere tolle Bücher

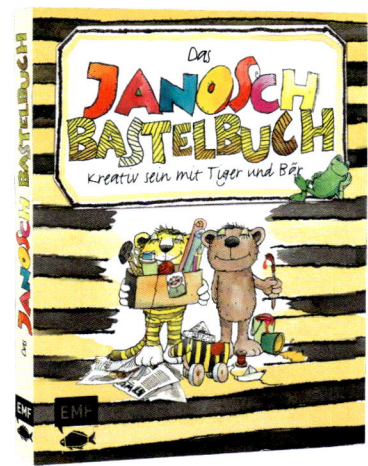

Das Janosch-Bastelbuch
144 Seiten, 19,99 EUR
ISBN 978-3-86355-385-2

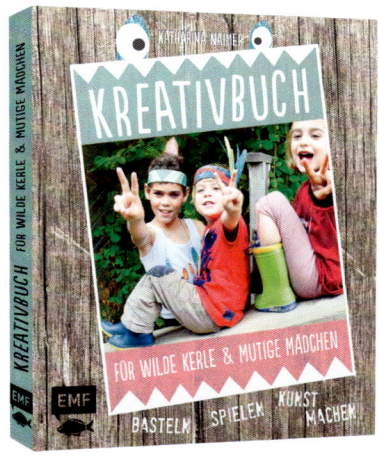

Kreativbuch für wilde Kerle
& mutige Mädchen
144 Seiten, 16,99 EUR
ISBN 978-3-86355-291-6

Reiselust & Bastelspaß
128 Seiten, 16,99 EUR
ISBN 978-3-86355-325-8

Mach dein eigenes Buch!
128 Seiten, 16,99 EUR
ISBN 978-3-86355-224-4

Alle meine Kleider
112 Seiten, 16,99 EUR
ISBN 978-3-86355-307-4

Kunst-Lab für Kinder
144 Seiten, 19,99 EUR
ISBN 978-3-86355-077-6

IMPRESSUM

Bibliografische Information der Deutschen Bibliothek.

Die Deutsche Bibliothek verzeichnet diese Publikation in der deutschen Nationalbibliografie.

Detaillierte bibliografische Daten sind im Internet über http://www.d-nb.de/ abrufbar.

EIN BUCH DER EDITION MICHAEL FISCHER

1. Auflage 2015

Alle Rechte bei
© Edition Michael Fischer GmbH, Igling

Covergestaltung: John Curran
Layout und Satz: John Curran und Bernadett Linseisen
Projektmanagement: Annika Christof
Lektorat: Britta Keil, Berlin
Fotos: Jeannette Petri, Frankfurt am Main und
Dirk von Manteuffel, Frankfurt am Main
Illustrationen: Dirk von Manteuffel, Frankfurt am Main

Bildnachweis:
Bernd Adolph, Bielefeld: S. 6
Jeannette Petri, Frankfurt am Main: S. 2/3, 4/5, 8, 10/11, 22/23, 24, 28/29, 30, 34/35, 36/37, 38, 48, 56-57, 58, 61, 68/69, 70,72/73, 74, 78-79 (Outdoor), 80/81, 84, 88
Alle weiteren Fotos: Dirk von Manteuffel

ISBN 978-3-86355-370-8

Printed in Slovakia

www.emf-verlag.de

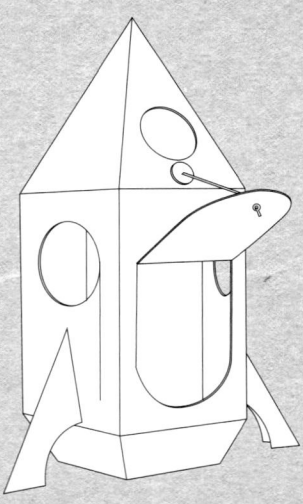